Luise Eichenbaum
Susie Orbach

BITTER UND SÜSS

Frauenfeindschaft – Frauenfreundschaft

ECON Verlag
Düsseldorf · Wien · New York

Titel der amerikanischen Originalausgabe: Bitter Sweet
Original Verlag: Viking, New York
Übersetzt von Sonia Mikich
Copyright 1987 by Luise Eichenbaum

CIP-Kurztitelaufnahme der Deutschen Bibliothek

Eichenbaum, Luise:
Bitter und süß: Frauenfeindschaft − Frauen-
freundschaft/Luise Eichenbaum; Susie Orbach. −
Düsseldorf; Wien; New York: ECON Verlag, 1987.
ISBN 3-430-12347-X
NE: Orbach, Susie:

Copyright © 1987 der deutschen Ausgabe by Econ Verlag GmbH, Düsseldorf,
Wien und New York
Alle Rechte der Verbreitung, auch durch Film, Funk und Fernsehen,
fotomechanische Wiedergabe, Tonträger jeder Art, auszugsweisen
Nachdruck oder Einspeicherung und Rückgewinnung in Datenverarbeitungs-
anlagen aller Art, sind vorbehalten.
Gesetzt aus der Life der Fa. Linotype
Satz: ICS Communikations-Service GmbH, Bergisch Gladbach
Papier: Papierfabrik Schleipen GmbH, Bad Dürkheim
Druck und Bindearbeiten: Pustet, Regensburg
Printet in Germany
ISBN 3-430-12347-X

Inhaltsverzeichnis

Einführung

*Das Buch ist zu drei Vierteln fertig, doch wir müssen von
vorne beginnen. Ein neuer Anfang, weil zu vieles verfahren
ist. Die Gedanken, die Theorie – sie sind da. Abrufbereit. Wir
kennen sie auswendig. Unsere Gedanken sind immer noch
Gemeinschaftsgut, selbst wenn sie nicht mehr Teil eines
gemeinsamen Alltags sind. Wir genossen das immer so, dieses
synchron verlaufende Denken. Die eine hatte einen Einfall
und formulierte den Satzanfang, die andere konnte ihn beenden. Es war das Jahr, als wir damit fertig werden mußten, in
verschiedenen Orten zu leben. Und wir dachten, daß die
Arbeit an einem Buch über die Freundschaft zwischen Frauen
die Beziehung und die Zuneigung zwischen uns absichern
würde. Wir wollten ein Projekt, das wir miteinander teilen
konnten, das unsere Erkenntnisse über die Probleme heutiger
Frauen reflektierte. Aber dieser Entscheidung lag zugrunde,
daß wir letztendlich unsere jeweiligen Lebenswirklichkeiten
leugneten. Wir teilen eben nicht das Leben unserer Kinder
miteinander. Wir teilen eben nicht unseren Arbeitsalltag. Früher wußten wir genau, womit sich die andere beschäftigte.
Heute geht das nicht mehr. Denn heute liegt ein Ozean zwischen uns.*

Dieses Buch analysiert das Leben von Frauen und ihre
Beziehungen untereinander in den achtziger Jahren. Es behandelt das Erbe, das an uns von vorausgegangenen Generationen
von Frauen weitergereicht wurde. Wir, die emotionalen Für-
sorgerinnen, die Töchter, die Mütter, die Hausarbeiterinnen.

Das Buch erzählt davon, wie großzügig Frauen geben können. Wie sie unkompliziert und hautnah aufeinander eingehen. Es ist die Rede vom Vergnügen und Spaß, den Frauen miteinander teilen, von den Vorzügen der Weiblichkeit. Gleichzeitig erfahren wir etwas vom Leben von weißen, schwarzen, asiatischen und hispanischen Frauen in westlichen Gesellschaften, deren soziale Rolle sich in den letzten 18 Jahren drastisch verändert hat. Es geht um die Begegnung der zwei Welten, um die psychologischen Reaktionen, Konflikte und Kämpfe, in die Frauen heutzutage unvermeidlich verstrickt sind. Vor allem geht dieses Buch der Frage nach, wie diese Veränderungen auf gesellschaftlicher und psychologischer Ebene sich auf Frauenbeziehungen auswirken.

Als wir uns vor fünfzehn Jahren kennenlernten (Luise war 19 und Susie 25 Jahre alt), traten wir als »emanzipierte Frauen« auf. Wir waren wie berauscht von der Aufbruchstimmung des frühen Feminismus, und wir stürzten uns in Projekte, die den Frauen zugute kommen würden. Wir verbrachten die meiste Zeit mit gemeinsamem Lernen, und wir eroberten uns allmählich ein neues Terrain − die Frauenstudien und die feministische Wissenschaft. Gemeinsam entdeckten wir neue Methoden, unsere individuellen Biographien zu betrachten. Wir stellten unsere bis dato üblichen Reaktionen auf fast alles radikal in Frage. Und mit großer Geste machten wir Frauenfreundschaften zur Prioriät. Das kam uns gewagt und aufregend vor.

Anfang der siebziger Jahre wurden unser Leben und unsere Ansichten weitgehend umgekrempelt. Unsere Generation verwirklichte Dinge, die noch wenige Jahre zuvor unvorstellbar waren. Als Studentinnen konnten wir unsere Zeit selbst einteilen. Und so verbrachten wir ganze Tage und Nächte mit unseren Freundinnen in der Gewißheit, daß unsere Liebesbeziehungen zu Männern neben den so wichtigen Frauenfreundschaften Bestand hatten. Und traten dennoch Probleme auf (mit den Männern), so waren *sie* es, die radikal in die Pflicht genommen wurden. Die Männer mußten sich anpassen und ändern.

Wir erinnern uns an unsere erste Begegnung. Das war im Richmond-College in der City University von New York.[1] Susie nahm an einem Kolloquium teil. Eine junge Studentin las etwas vor, das sie für den internationalen Frauentag 1971 vorbereitet hatte. Es war eine kraftvolle und leidenschaftliche Erklärung. Susie drehte sich zu ihrer Freundin Carol Bloom, der Koordinatorin der Frauenstudien. »Mensch, das war gut«, sagte sie, »wer ist denn diese Frau?« »Oh, das ist Luise Eichenbaum, sie nimmt auch an den Frauenstudien teil.«

Dann gab es ein Seminar über Frauen im Film. Eine junge Frau mit einem langen Wildlederrock, hohen lilafarbenen Stiefeln, modischer Londoner Zottelfrisur und einem englischen Akzent äußerte sich selbstbewußt zum Film und zu seinen Aussagen über das Leben von Frauen. Das erregte Luises Aufmerksamkeit. »Wer ist denn das?« fragte Luise Carol. »Das ist Susie Orbach« antwortete Carol, »sie ist Engländerin und beschäftigt sich mit Politik, Jura und Psychologie.« Luises Interesse war geweckt.

So begann eine Freundschaft, die uns 15 Jahre unseres Lebens zutiefst beeinflussen würde. Noch immer gibt es jenen besonderen Bund und die gefühlsmäßige Intensität, die sich damals in den ersten Jahren unserer Freundschaft herauskristallisierten. Der Wunsch, alles zu bereden und zu teilen, der Freundin alles mitzuteilen und ihre Meinung dazu einzuholen, ist unaufhörlich bei uns beiden spürbar. Wie Frauen auf der ganzen Welt praktizieren wir jene typisch »weibliche« Fähigkeit, gleichzeitig über zehn verschiedene Dinge reden zu können.

Am Anfang unserer Freundschaft stand die gemeinsame Arbeit, das heißt das Entwickeln eines Lehrprogramms für Frauenstudien. Mit unserer besten Freundin Carol Bloom und den anderen Frauen in der Abteilung erkämpften wir die erste

Promotion in diesem neuen Wissenschaftsbereich. Wir arbeiteten an einem aufstrebenden Lehrstuhl, der für eine kurze Zeit die Aufbruchstimmung der Studentenbewegung und Frauenbefreiungsbewegung bestens zum Ausdruck brachte. Studenten wurden Lehrer, soziale Schranken verblaßten, Frauen studierten und lernten gemeinsam in einem von ihnen definierten Rahmen. Es war eine aufregende Zeit. Eine neue Erziehungspolitik keimte da heran, und wir waren die Geburtshelferinnen. Aber das Lehrprogramm selbst stieß auf unerwartete Schwierigkeiten. Es wurde verwirklicht gegen eine starke Opposition seitens der College-Leitung. Schon bald machten interne Uneinigkeit und Streiterei die tatsächlichen Erfolge zunichte. Die Einigkeit der Frauen, die zuvor die erfolgreiche Einrichtung dieses Programms überhaupt erst ermöglicht hatte, erwies sich bald als kurzlebig. Uns einte der gemeinsame Gegner, die College-Leitung, und nicht so sehr gemeinschaftlich herausgearbeitete Vorstellungen von Bildung. Politische Differenzen gewannen eine ungeheure Bedeutung, bald entstanden Gruppierungen. Drei Fraktionen stritten sich über die Durchführung des Programms und schwächten es. Wütend warfen sich die Frauen auf Versammlungen gegenseitig Betrug vor. Die Frauen hatten keinerlei Erfahrungen mit Machtpositionen innerhalb eines institutionellen Rahmens, und sie schienen das gemeinsame Projekt zerstören zu wollen.

Wir waren schockiert, niedergeschmettert und erschüttert. Wie konnten Frauen, die scheinbar so viel gemeinsam hatten, so destruktiv sein? Wie kam es, daß der anfängliche Schulterschluß so schnell der Ellbogentaktik und der Aggression weichen mußte? Was lag der Wut und Enttäuschung zugrunde, die dieser Streit entfesselte?

Wir waren verwirrt und besorgt, und so wollten wir mehr darüber erfahren, welche psychologischen Elemente zwischen Frauen eine Rolle spielten. Rationale, bewußte Vorgänge im Leben einer Frau konnten wir inzwischen entschieden besser nachvollziehen, da wir mehr und mehr unsere gesellschaftliche Rolle und Funktion verstanden. aber dort, wo es um das Unterbewußtsein und seine Auswirkungen auf das anderer Frauen ging, tappten wir im dunkeln. Unsere Freundschaft und unsere Teilnahme an den »Fraktionskämpfen« brachten uns einander näher und stärkten unsere Entschlossenheit, nachzuvollziehen, wie das »Äußere verinnerlicht und das Innere veräußerlicht wurde«.[2] In den nächsten Jahren befaßten wir uns intensiv mit einem neuen Projekt – dem Studium der weiblichen Psychologie. In diesem Rahmen galt unser besonderes Interesse der Dialektik zwischen den starken und liebevollen Gefühlen, die Frauen füreinander hegen, und der Feindschaft, die plötzlich zwischen ihnen entstehen konnte.

Gemeinsam mit anderen Frauen, die Feministinnen und Psychotherapeutinnen[3] waren, studierten wir Freud und seine psychoanalytischen Theorien (obwohl Freuds Gedankengut zu jener Zeit bei Feministinnen nicht sonderlich beliebt war). Wir studierten die humanistische Psychologie und alternative Therapie, die zu jener Zeit populär waren. Wir besuchten Graduiertenkurse und brachten unser Interesse am Feminismus und an weiblicher Psychologie in den Unterricht ein. Der feministische Ansatz veranlaßte uns dazu, die Theorien der psychologischen Entwicklung zu analysieren, neu zu bewerten und neu zu interpretieren. Allmählich entwickelten wir eine psychotherapeutische Praxis, die der komplexen Innen- und Außenwelt von Frauen gemäß war. Unserem Ansatz lag die Reflexion der Rolle der Frau in der Gesellschaft zugrunde.

1976 eröffneten wir das *Women's Therapy Center* in London. Wir beabsichtigten, eine psychotherapeutische Hilfe zu leisten, die besser und angemessener auf die Bedürfnisse von Frauen zugeschnitten war. Aus lauter Sorge, daß niemand kommen würde, verteilten wir Flugblätter, verschickten Pressemitteilungen und nahmen an Radiosendungen teil, in denen wir für die Notwendigkeit eines solchen psychotherapeuti-

11

schen Dienstes argumentierten. Die Reaktion war überwältigend.

Zum Zentrum kamen Frauen der verschiedenen Altersgruppen und unterschiedlicher Klassenzugehörigkeit.[4] Es kamen Frauen, die zuvor die Psychotherapie als etwas Schreckliches oder zumindest Nutzloses erfahren hatten. Feministinnen kamen, die hier im Zentrum genug Vertrauen und Sicherheit spürten, um eine Therapie zu beginnen. Und es kamen auch Nichtfeministinnen, die eine Therapie beginnen wollten. Sie hatten von unserer Arbeit gelesen und gehört und sich stark mit einzelnen Aspekten identifiziert. Aber obwohl diese anfänglichen Reaktionen darauf hindeuteten, übertraf doch der enorme Erfolg des Zentrums unsere kühnsten Vorstellungen. (Das Zentrum arbeitet jetzt im 11. Jahr, es wird öffentlich und privat finanziert und verfügt über ein knappes Dutzend Psychotherapeutinnen sowie etliche Verwaltungskräfte.)

Und unsere Beziehung wurde ständig enger. Wir waren vereint in einem gemeinsamen Projekt, das stimulierend und zeitraubend war. Weil das Zentrum so populär war, zogen wir nur wenge Monate nach der Eröffnung zwei weitere Psychotherapeutinnen hinzu, Sally Berry und Margret Green. Etwas später kamen zwei weitere Frauen hinzu: Margot Waddell, die gerade ihre Ausbildung an der Tavistock-Clinic beendet, und die inzwischen verstorbene Pam Smith, die für uns vom North London Polytechnic freigestellt wurde. Sheila Ernst schloß sich uns als Auszubildende an. Für Leute vom Fach organisierten wir Seminare zum Thema weibliche Psychologie, und für die Öffentlichkeit führten wir Workshops durch. Alles entwickelte sich hervorragend. Bis zum darauffolgenden Frühjahr.

Scheinbar kam es aus heiterem Himmel. Wir fühlten uns allmählich durch das Verhalten der anderen irritiert. Luise mochte nicht Susies kurz angebundene Art am Telefon. Susie mochte nicht Luises Zögerlichkeit. Wir begannen, uns kritischer zu betrachten. So wie ein Paar nach dem Rausch der Flitterwochen. Wir gifteten uns gegenseitig an. Die negative Spannung wurde täglich größer. Abends gingen wir heim zu unseren Männern und beschwerten uns über das unmögliche Verhalten der anderen. Aber wir waren doch Partnerinnen und beste Freundinnen. Was war los?

Es passierte etwas Ähnliches wie damals am Richmond College: Der Erfolg des Projektes rief anscheinend neue, überraschende Probleme hervor. Wir verbrachten drei Monate voller Qual im gleichen kleinen Raum, unfähig, miteinander zu reden. Wir wußten nicht, wie wir einander unsere wahren Gefühle mitteilen konnten. Es war die Hölle. Schließlich kam eine Atempause: Die Ferienzeit nahte heran, und Luise entschloß sich, in die Staaten zu fliegen.

Einen Monat waren wir getrennt. Wir beschwerten uns übereinander bei anderen Menschen, und jede von uns spürte Angst und Unsicherheit, was die Zukunft beträfe. Aber der räumliche Abstand ließ auch andere Gefühle zu. Wir vermißten uns. Wir waren einsam. Es tat weh. Wir hatten Sehnsucht nacheinander. Als Luise an einem Septembermorgen durch die Tür trat, schauten wir einander an, hielten inne, suchten nach einem gemeinsamen Erleben von Wärme. Dann kamen die Umarmungen und die Tränen. Viele Tränen. Wir erklärten einander unsere Liebe und wie sehr wir uns vermißt hätten. Nicht nur während der Ferien, sondern auch während der Elendsstrecke davor. Und dann redeten wir miteinander, und dann fingen wir an, uns anzuschreien.

Bei einem späteren Gespräch fanden wir heraus, daß unsere Wut einen gemeinsamen Nenner hatte. Jede meinte, von der anderen als Selbstverständlichkeit behandelt zu werden. Susie wurde vorgeworfen, Luises Einverständnis stets automatisch vorauszusetzen, ohne bei der Partnerin nachzufragen. (Susie schien sich manchmal nicht bewußt zu sein, daß Luise eine eigene Meinung hatte.) Susie fühlte sich von Luise als Mutterfigur wahrgenommen. Ihre Vorsorglichkeit wurde als Selbstverständlichkeit hingenommen. Wir fühlten uns beide in der Beziehung eingeengt, konturenlos. Wir waren keine Individuen mehr. Unser Leben war irgendwie fest miteinander verwoben, ja sogar *verschmolzen*. Es war uns nicht gelungen, unsere Individualität zu bewahren, während wir unser neues »Baby«, das Women's Therapy Center, zur Welt brachten. Die monatelangen Rückzugsgefechte und die Wut waren nichts anderes als ein Versuch der Loslösung und der Kenntlichmachung der einzelnen Persönlichkeiten. Aber hätten wir uns lediglich voneinander zurückgezogen – die Verführung dazu war groß –, so wäre unsere Beziehung gescheitert. Voller Angst und Schrecken zwangen wir uns, um die Beziehung zu kämpfen. Die Freundin direkt zu konfrontieren und anzusprechen. Wir hatten Glück. Wir waren uns nach wie vor irgendwie bewußt, daß wir uns brauchten und sehr gerne hatten. Wir wußten, was wir einander sagen mußten: Nimm mich nicht als selbstverständlich hin. Ich bin nicht wie du, ich bin nicht deine Mutter, ich bin ein eigenständiger Mensch. Wir wunderten uns darüber, warum es so schwerfiel, einander so etwas zu sagen. Und zu jener Zeit wußten wir noch nicht, welche wichtige Lehre wir aus diesem Konflikt gezogen hatten.

Jetzt ist es 1987, zehn Jahre nach jenem ersten Streit. Es hat noch einige gegeben. Weil wir uns unbeachtet, mißverstanden oder als Selbstverständlichkeit hingenommen fühlen. Heutzutage machen uns diese Streitigkeiten weniger angst, und sie stauen sich nicht über Monate auf, sondern brechen nach wenigen Tagen aus. Aber es fällt immer noch schwer, mit Konflikten umzugehen, trotz der Zuneigung, die wir füreinander spüren. Inzwischen sind wir seit über 15 Jahren beste Freundinnen. Wir haben beide im Heimatland der jeweils anderen gemeinsam gelebt und gearbeitet. 1981 haben wir mit unserer alten Freundin Carol Bloom das Women's Therapy

Center Institute gegründet, um Psychotherapeutinnen auszubilden.[5] Die beiden Zentren sind der sichtbare Ausdruck unserer gemeinsamen Arbeit, aber inzwischen trennt uns ein Ozean. Die 3000 Meilen zwischen London und New York stehen für einen immensen Verlust. Der tägliche Austausch, die entspannten und ausführlichen Telefonate, das Treffen bei der Arbeit, das gemeinsame Zubereiten von Abendessen, die Ausflüge zum Zoo mit den Kindern, das Herumreisen, die gemeinsamen Vorträge, die Einkäufe und die Plaudereien. Wir freuen uns, wenn wir unsere Arbeit einem neuen Publikum vorstellen können, und wir leiden darunter, dies alleine tun zu müssen. Jedes Papier, das wir nicht gemeinsam veröffentlichen, ruft aufs neue den Trennungsschmerz hervor. Wenn Lukas (Susies Sohn) nach Gena (Luises Tochter) ruft oder umgekehrt, so fließen jedesmal auf der einen oder anderen Seite des Atlantiks Tränen. Die Kinder sind noch klein, aber sie haben bereits jetzt die Wichtigkeit der Freundschaft ihrer Mütter verinnerlicht.

Dieses Buch über Frauenfreundschaften behandelt die Hoffnung, das Glücksversprechen, die Liebe, den Kummer, die Qual und die Enttäuschung, die Frauen einander geben bzw. zufügen. Die heilende und die zerstörerische Seite der Frauenbeziehungen. Wir mußten diesem Buch einen kurzen Bericht über unsere eigene Beziehung zueinander voranstellen. Wir freuen uns, in diesem Buch zeigen zu können, wie wir die Beziehung, die wir miteinander und mit anderen Freundinnen hatten, genossen haben; wir singen eine Lobeshymne auf die Freude, die aus der Arbeit in weiblichen Lebenszusammenhängen entspringt. Und wir wollen mit diesem Buch die Erfolge und Leistungen von Frauen in dieser historischen Phase würdigen.

Die Freundschaften heutiger Frauen sind zu einer Zeit entstanden, da die Rolle der Frau sich ändert und Frauen nach Selbstverwirklichung trachten. Erst in den siebziger Jahren wurde die Bedeutung von Frauenbeziehungen erkannt und zum Thema gemacht. Natürlich sind Frauenfreundschaften für die Betroffenen seit jeher wichtig gewesen, aber vor den siebziger Jahren wurde solchen Frauenfreundschaften selten die gesellschaftliche Anerkennung zuteil, die ihnen angemessen war.

Freundschaften wurden früher den familiären Verpflichtungen angepaßt, und fast jede Frau war sich bewußt, daß die Zeit, die sie mit einer Freundin verbrachte, begrenzt war.

Diese neue Anerkennung der Wichtigkeit von Frauenfreundschaften war möglicherweise noch nicht in das Bewußtsein jedes Menschen eingedrungen, so daß es auch in dieser Periode durchaus vereinsamte Frauen gab. Nichtsdestotrotz können wir heute davon ausgehen, daß Frauenbeziehungen als sehr wichtig anerkannt sind. Die Filme der siebziger und die Fernsehspiele der vergangenen Jahre reflektieren auf kultureller Ebene diesen Bedeutungswandel hinsichtlich der Rolle und der Wichtigkeit von Frauenfreundschaften (wir denken an Beispiele wie *Girlfriends, Alice doesn't live her anymore,* den französischen Film *Die eine singt, die andere nicht,* den norwegischen Film *Ehefrauen* und Fernsehprojekte wie *Rhoda, Kate und Allie, Mary Tyler More*). In diesen Filmen werden Frauen gezeigt, die einander etwas anvertrauen, die miteinander lachen, die miteinander fühlen. Die beste Freundin wird keineswegs als Lückenbüßerin zwischen diversen sexuellen Beziehungen dargestellt, sondern als wichtiger Teil im Leben einer Frau. Ja, inzwischen steht bei vielen die Frauenfreundschaft sogar an erster Stelle. Frauen, die noch vor wenigen Jahren sexuelle Gefühle zur Freundin nicht zugelassen hätten, erlauben jetzt der erotischen Komponente ihrer Gefühle hervorzutreten. Zwar gibt es noch Diskriminierung, aber lesbische Beziehungen werden immer offener ausgelebt und selbstverständlicher. Für viele Frauen ist die Nähe und die Intimität, die sie mit einer anderen Frau erleben, eine große Stütze in ihrem Leben.

Paradoxerweise sind aber genau diese Freundschaften zwischen Frauen, die von den Medien einigermaßen zutreffend beschrieben worden sind, unter Druck geraten: Anders als vor einem Jahrzehnt sind Frauenbeziehungen inzwischen weniger ideal, weniger einfach.

Mit diesem Projekt möchten wir entmystifizieren und aufdecken. Wir möchten das Meer von Mißverständnissen ansprechen, das Frauen heutzutage trennt. Wir gehen an die dunkle, häßliche Seite von Frauenbeziehungen, an die unbequemen Aspekte, die leider nicht von selbst verschwinden. Wir sprechen vom Schmerz, Neid, Konkurrenzgebaren, von unausgesprochener Wut, vom Betrogen- und Verlassenwerden. Denn mit der Anerkennung der Bedeutung von Frauenbeziehungen geht die Entdeckung einher, daß diese Beziehungen nicht so leicht und sorgenfrei sind, wie wir es uns wünschen. Hinter dem Vorhang der Frauensolidarität liegt ein Wirrwarr von Gefühlen, die heutzutage Chaos in Frauenbeziehungen anrichten. Die Hoffnung und Sehnsucht, die wir an unsere Frauenfreundschaften richten, sowie der Kummer und Schmerz, den wir bei Enttäuschungen erleiden – beide Aspekte müssen innerhalb eines Rahmens betrachtet werden, der solche Beziehungen respektiert und ehrt.

Nähe, Bindung, Zugehörigkeit und Selbstlosigkeit – das sind nach wie vor die Fundamente eines weiblichen Lebenszusammenhangs. Durch die Bindung zu anderen Menschen erfährt eine Frau sich selbst, verschafft sie sich ein positives Lebensgefühl. In den letzten 15 Jahren haben Millionen Frauen darum gekämpft, autonomer und unabhängiger zu werden. Ungeheuer viel Zeit und Energie werden nach wie vor auf Karrieren, Erziehung und Entwicklung in Bereichen verwandt, die zuvor die Domäne von Männern waren. Obwohl es nach außen den Anschein hat, als würde die Gesellschaft die Unabhängigkeit von Frauen stärker akzeptieren, sind die Verbote und Tabus noch tief verankert. Die

Frauen selbst verkörpern und verinnerlichen diese Restriktionen und Zwänge. Und wenn Frauen sich von solchen inneren und äußeren Fesseln zu befreien versuchen, werfen sei einen genauen Blick auf die Erfolge und Leistungen anderer Frauen. Frauen messen sich an der Freundin, der Kollegin und der Nachbarin. Wird sie gleichzeitig mit einem Beruf, einer Beziehung und Kindern fertig? Wie schafft sie das? Meine beste Freundin hat ein Kind, kann ich das auch? Wieviel Geld verdient sie? Wie schafft sie es, immer so gepflegt und frisch auszusehen, während ich so erschöpft bin? Sie wirkt so selbstbewußt und selbstsicher, während ich mir wie eine Hochstaplerin vorkomme, wie ein Kind, das sich als Erwachsene verkleidet. So lauten in etwa die Fragen, die Frauen täglich quälen. Allzu schmerzhaft werden sich viele Frauen bewußt, daß sie ihren Freundinnen gegenüber negative Gefühle hegen. Konkurrenz, Neid, Wut und Verlassenheit. Gefühle, die einen Keil zwischen Frauen treiben und sie nicht zusammenbringen. Gefühle, die anscheinend so häßlich und unakzeptabel sind, daß man darüber nicht reden kann.

Plötzlich ist man der Freundin gegenüber, um die es nicht allzugut steht, voller lähmender Schuldgefühle. Plötzlich toben innerlich Neid und Eifersucht. Plötzlich gilt man als Verräterin. Plötzlich konkurriert man mit der besten Freundin. Solche Erlebnisse unter Frauen treten immer häufiger auf. Frauen können negative Gefühle beträchtlichen Ausmaßes gegenseitig auslösen. Diese Gefühle werden intensiv empfunden, und wenn sie nicht aufgearbeitet werden, richten sie zwangsläufig Schaden an. Sie schwächen und vergiften die Verbundenheit. Sie bedrohen die Offenheit und das Vertrauen, die zwischen Frauen existieren können.

Die Frauen ändern sich: Sie wollen nicht mehr Menschen sein, die sich über andere definieren, die andere bedienen, die sich auf andere beziehen. Sie wollen als eigenständige, unabhängige Individuen wahrgenommen werden, auch wenn sie

18

mit anderen Menschen verbunden sind. Das ist keine leichte Aufgabe. Aber genau damit befassen sich Hunderttausende von Frauen – ob bewußt und aus freien Stücken, ob unbewußt aufgrund gesellschaftlicher Veränderungen in ihrem Leben. Bei diesem wichtigen Kampf um Veränderung dürfen wir nicht jene zurückweisen, die uns am allermeisten zu unserem heutigen Stand verholfen haben, nämlich die Frauen. Wir sollten aber auch nicht zögern, die wirklichen Schwierigkeiten, die zwischen Frauen auftauchen können, anzusprechen. Ohne Frauenbeziehungen zu verherrlichen oder zu verklären, können wir doch daran festhalten, daß Frauen einander brauchen. Frauen brauchen die Unterstützung und das Wohlwollen anderer Frauen, wenn sie nach Autonomie und Selbstbestimmung streben. Sie brauchen einander, um die Schwierigkeiten zu bereden, die sie an so vielen Fronten erleben. Sie müssen die (noch) versteckten und verschwiegenen Gefühle untersuchen, die zwischen Frauen existieren, weil diese Gefühle Frauenbeziehungen vergiften. Wir können und müssen uns mit diesen Themen befassen. Indem wir uns dieser Sache annehmen, können wir das Terrain bewahren und pflegen, das für unser Leben so unendlich wichtig ist: die Beziehung von Frau zu Frau.

Anmerkungen:

1 Richmond-College ist heute Teil des College of Staten Island, City University of New York.
2 Vgl. Eichenbaum, L., und Orbach, S., *Feministische Psychotherapie. Auf der Suche nach einem neuen Selbstverständnis der Frau,* München 1984. *Ganz Frau und wirklich frei,* ECON, Düsseldorf 1984.
3 Die New Yorker Arbeitsgruppe »Feministische Therapie« 1973 bis 1975.
4 Das Zentrum hat nicht sehr viele schwarze oder asiatische Frauen angezogen. Möglicherweise hängt das damit zusammen,

daß bisher keine schwarze Therapeutin bei uns arbeitet. Sicherlich würde es eine Therapeutin mit schwarzer Hautfarbe therapiewilligen schwarzen Frauen leichter machen, das Zentrum aufzusuchen.

5 In den letzten fünf Jahren sind Susan Gutwell, Anne Leiner, Andrea Gitter und Lela Zaphiropoulos hinzugekommen.

1. Bitter und süß

»Ein Happy-End beginnt hier«, davon war Julie, eine 35jährige Schauspiellehrerin, überzeugt. Es war bei einem Workshop des Women's Therapy Center, bei dem es um Schwierigkeiten in Frauenfreundschaften ging. »Ein Happy-End beginnt dann, wenn wir uns mit unseren negativen Gefühlen unseren Freundinnen gegenüber auseinandersetzen. Ein Happy-End hat nichts mit Märchen zu tun, in denen Meinungsverschiedenheiten unterdrückt werden und in denen eine heile Welt vorgegaukelt wird.«

Obwohl das Zentrum eine ganze Bandbreite von Themen anbietet, die sich mit den verschiedenen Aspekten eines modernen Lebens einer Frau befassen, rief die Anmeldung für den Kurs über Konflikte in Frauenbeziehungen zweifellos Besorgnis und Angst bei den Teilnehmerinnen hervor. 13 Frauen versammelten sich, um miteinander über schmerzhaft erlebte Eifersucht, Neid, Wut, Konkurrenz, Verlassenheit, Verrat und Sehnsucht anderen Frauen gegenüber zu sprechen. Kummer und Qual der Teilnehmerinnen war geradezu spürbar. Hier waren Frauen, die es wagten, sich mit ihren negativen Gefühlen anderen Frauen gegenüber auseinanderzusetzen.

Manche schämten sich oder meinten, die Freundin zu verraten: »Wie kann ich über meine beste Freundin mit wildfremden Menschen diskutieren?« Manche waren gehemmt: »Ich weiß nicht, wie ich mich ausdrücken soll . . ., ich mag es gar nicht eingestehen, aber sie hat mir so weh getan . . .« Manche waren verbittert und voller Wut: »Ich bin außer mir, wie konnte sie mir das antun?« Manche fühlten sich ausgenutzt: »Wie kann sie erwarten, daß ich immer die Gebende bin, und dann nicht für mich dasein, wenn ich sie einmal brauche?«

Manche fühlten sich enttäuscht, übergangen, bevormundet. Manche fühlten sich von der Freundin plötzlich verurteilt. Manchen war unerwartet und unerklärlich Schmerz zugefügt worden. Die Kursteilnehmerinnen hatten emotionale Verletzungen davongetragen, aber als sie allmählich verstanden, was falsch gelaufen war, warum es weh getan hatte, warum eine Freundschaft sich so entwickeln konnte, da machte sich eine ungeheure Erleichterung bemerkbar. Zugrunde lag dieser Erleichterung die ehrliche Erkenntnis, daß Frauen in der Tat widersprüchliche Gefühle füreinander hegen. Die Zeit für diesen Workshop war gut gewählt: Nachdem jahrelang davon die Rede war, wie wichtig und aufbauend Frauenbeziehungen wären, hatten wir jetzt genug Sicherheit, um hinter die Fassade dieser Beziehungen zu schauen, ihren Schattenseiten auf die Spur zu kommen.

Zum Beispiel Julie: Sie war völlig verwundert darüber, daß das Women's Therapy Center einen solchen Workshop anbot. Hier durften unausgesprochene, verbotene Gefühle zutage treten. Aber Julie sorgte sich, daß die ganze Welt von ihren negativen Gefühlen ihrer Freundin gegenüber erfahren würde, wenn sie sich für den Kurs eintrug. Man würde sie möglicherweise auf dem Weg zum Workshop erwischen! Oder noch schlimmer im Workshop selbst. Und dann wüßten alle von ihrem Seelenkonflikt. Andere Frauen empfanden dasselbe. Aber sie sagten sich, daß die Existenz dieses Workshops ja ein Hinweis auf die Seelenkonflikte und Ängste *anderer* Frauen war. Daß diese schwierigen Gefühle öffentlich anerkannt wurden – welch eine Erleichterung!

Eleanor, eine Journalistin von Dreißig, weinte, als sie von ihrer Wut auf ihre Freundin Anne erzählte. Diese hatte seit kurzem einen neuen Freund. Und nun kriselte die Beziehung zwischen den Frauen: Anne hielt Verabredungen nicht ein;

und sie wandelte die Telefonate zu atemlosen Kommuniqués über das Auf und Ab ihrer Rendezvous. Es war einfach zuviel, diese Sache mit Jack. Verdammt noch mal, er war noch nicht einmal besonders interessant. »Ich weiß, daß ich vielleicht eifersüchtig bin«, sagte Eleanor, »aber das ist nicht die ganze Erklärung. Er ist so ein Langweiler. Er kann ihr nicht im Traum das Wasser reichen. Und doch ist sie total verknallt und wirft unsere Freundschaft über Bord, oder zumindest hält sie unsere Beziehung auf Sparflamme. Es ist so eine Enttäuschung. Nicht, daß ich ihre Verliebtheit nicht verstehen würde. Ich gönne ihr das wirklich. Ich fühle mich nur einfach zur Seite geschoben. Vielleicht ist ›ausrangiert‹ etwas zu stark, aber meine Rolle hat sich plötzlich verändert. Sie benutzt mich, um die ganze Sache noch einmal zu wiederholen: Indem sie mir vom Sex und von der Spannung erzählt, kann sie beides noch einmal genießen. Und auch das könnte ich noch nachvollziehen, aber ich mag es nicht, daß wir nichts mehr zusammen unternehmen. Ins Kino oder zum Theater geht sie mit Jack, nicht mehr mit mir. In ein neues Restaurant geht sie mit Jack, nicht mehr mit mir. Ich weiß, daß es kleinlich klingt, aber ich meine, daß unsere Freundschaft für sie nicht dasselbe bedeutet hat wie für mich, sonst hätte sie unsere Beziehung nicht so abschieben können, wie sie es getan hat, als Jack auftauchte. Es ist so, als hätte sie unsere Freundschaft als eine Art Lückenbüßer oder Pausenfüller benutzt und nicht als Wert und als Vergnügen an sich. Und ich hatte gedacht, daß ein solches Funktionalisieren zwischen uns beiden nicht passieren würde.«

»Ich fühle mich ebenfalls hintergangen und verdrängt«, sagte eine andere Frau, »aber ich neige dazu, den Fehler bei mir zu suchen. Vielleicht erwartete ich von meiner Freundin Ruth zuviel. Ich habe das Gefühl, daß ich mich so stark auf meine engen Freundinnen einlasse, daß ich sie geradezu abschrecke mit den enormen Bedürfnissen, die ich an die Beziehung richte. Ruth und ich sahen uns jeden Tag, wir gingen im Haus der anderen ein und aus, wir tauschten Kinder, Milch, Autos,

Rasenmäher und emotionale Traumen miteinander aus. Nachdem wir monatelang darüber gesprochen hatten, kehrte Ruth zum College zurück und ließ mich dann völlig im Regen stehen! Zunächst dachte ich, daß sie von der neuen Umgebung und Arbeit überwältigt war, und so versuchte ich, ihr ein bißchen Raum zu lassen. Aber dann hatte ich eine Krise. Meine Mutter starb, und ich war fix und fertig. Ich erzählte es Ruth − sie konnte es ohnehin sehen, daß ich nicht zurechtkam −, und sie war freundlich, aber kühl. Anstatt mir zur Seite zu stehen, sagte sie mir nur, daß ich mich zusammenreißen sollte. Ich war schockiert und verletzt. Ich fühlte mich so zurückgewiesen. Ich kam mir vor wie das dritte Rad am Wagen, allein gelassen mit meinen Bedürfnissen, aber ich wußte nicht, wer recht bzw. unrecht hatte. Das weiß ich immer noch nicht, und deswegen bin ich hier im Zentrum. Eigentlich erwartete ich, daß sie sich um mich bemüht. Vielleicht ist das die Krux. Ich habe solch hohe Erwartungen an meine Frauenfreundschaften. Ich erwarte, daß Frauen geben, daß sie flexibel sind. Schließlich hatte ich mich doch auf ihr neues Bedürfnis nach Distanz eingestellt, als sie mit dem College begonnen hatte. Warum konnte sie also nicht auf mich eingehen, als meine Mutter im Sterben lag? Diese hohen Erwartungen, die ich an Frauen habe, verwirren mich ganz schön. Ein Jahr ist vergangen, aber ich quäle mich noch immer damit herum.«

Zuvor haben die Frauen ihren Schmerz mit sich alleine ausgemacht, sie haben alleine zu verstehen versucht, sie haben alleine Trost gesucht. Jetzt werden diese inneren Dialoge in diesem Workshop laut ausgesprochen. Und es wird zum Trost an sich, daß die 13 anderen Frauen begierig darauf sind zuzuhören.

Was passierte bei diesen Freundschaften? Wie kam es, daß aus hilfreichen, tröstlichen Stützen bittere Enttäuschungen wurden? Was ist es genau, das Frauenfreundschaften diesen bittersüßen Charakter verleiht? Laßt uns dies von Anfang an verfolgen.

24

Zwei Frauen lernen sich kennen, vielleicht bei einer Party, in einer Klasse, am Nachbarzaun, bei einer neuen Stelle. Sie haben gemeinsame Interessen. Und mit der sozialen Behendigkeit, die für Frauen so typisch ist, dehnen sie ihre gemeinsamen Interessengebiete aus. Ihre Gespräche beziehen das emotionale Klima des Themas mit ein. Was sie fühlen und denken über ihre Arbeit, Kinder, Ehemänner, Freunde, Geliebte, Mütter, über Gastfreundlichkeit, Kochen, Politik, Sex, Musik, über Hoffnungen, Sport, Mode — das alles bestimmt ihre Gespräche. Die Gefühle sind wesentlicher Bestandteil des Kontaktes. Sie erfinden ein Patois — eine eindeutig weibliche Sprache. Bereitwillig und mühelos wird Vertrauliches ausgetauscht. Gemeinsam mutmaßen die Freundinnen über schwierige Gefühlslagen, sie gestehen sich Enttäuschungen ein, und sie suchen nach Lösungen. Die Leichtigkeit, mit der sich eine Frau einer anderen anvertraut, überrascht Männer häufig. Aber das Teilen oder Austauschen werden nicht mühselig ertrotzt oder abgerungen, sondern gehören unmittelbar zu einer Frauenbeziehung dazu. Es ist zweite Natur, Gewohnheit, Lebensart. *Nicht* zu teilen — das wäre merkwürdig. Das würde auf eine Zurückhaltung hindeuten, die einem Betrug nahekäme.

Von der engen Freundschaft und intimen Liebesbeziehung bis zur flüchtigen Bekanntschaft: Der Stoff, aus dem Frauenbeziehungen gemacht werden, hat stets die gleichen Merkmale. Und dies sind Mitgefühl, Sympathie und Identifizierung. Diese Merkmale bilden das emotionale Terrain, auf dem sich weibliches Leben zum großen Teil vollzieht. So ist es uns erlaubt, von einer spezifisch weiblichen Kultur zu sprechen, von der alle Frauen einbezogen werden können. Ohne großes Zögern oder Verlegenheit können Frauen Vertraulichkeiten miteinander austauschen. Von der Jugendzeit an versuchen Frauen, in Gemeinschft mit anderen die Welt um sie herum zu verstehen. Die »beste Freundin« spielt bei diesem Prozeß eine ungeheuer wichtige Rolle. Entscheidungen und Wünsche werden intensiv miteinander diskutiert. Gemeinsam wird die Welt der Erwachsenen »durchgekaut«, die man jetzt betreten wird. Das junge Mädchen sucht sich eine Busenfreundin, mit der es kichernd neue Rollen erfinden und ausprobieren kann. Es ist unumgänglich, ein enges Verhältnis zu einer Gleichaltrigen zu haben. Eine junge Frau malt sich ihren Platz in der Welt innerhalb eines Netzwerkes von Beziehungen aus so wie Generationen von jungen Frauen vor ihr. Sie geht zur Schule, trifft sich mit jungen Männern, besucht ein College, heiratet, tritt ihre erste Stelle an. Und stets ist eine Freundin da, die ihr bei diesem Prozeß den Rücken stärkt. Vielleicht wird sie auf ihrem Weg die eine oder andere Freundin vergessen. Doch egal, wie lange die Freundschaft dauerte oder wie sie aussah: Weibliche Weggefährten sind bei fast allen Frauen ein Merkmal ihres Daseins.

Auf ihrem Weg durchs Leben suchen und finden Frauen weibliche Gesellschaft. Mit ihren Freundinnen sprechen sie ganz offen über Einzelheiten ihrer Sexualität, über Wunsch und Realität ihrer Liebenbeziehungen. Sie sprechen über ihre Ängste, Hoffnungen für die Zukunft, ihre Phantasien. Von Kindheit an haben sie gelernt, aufmerksame und liebevolle Zuhörerinnen zu sein, und diese Qualitäten treten in den Freundschaften hervor. Sie schenken einander Unterstützung, Verständnis, Trost, Sympathie und Rat. Schwesterlichkeit: Eine Frau hat soeben eine neue Stelle bekommen, und sie greift zum Telefon, um ihrer besten Freundin Bescheid zu sagen. Eine Frau hat soeben entdeckt, daß ihr Mann untreu ist, und sie greift zum Telefon, um ihren Kummer bei der besten Freundin loszuwerden. Eine Frau möchte selbst eine Affäre beginnen, und sie greift zum Telefon, um die Meinung der besten Freundin zu erkunden.

Freundinnen leisten sich gegenseitig Beistand und helfen einander, die emotionalen Ecken und Kanten des Alltags zu glätten. Sie diskutieren miteinander die unvermeidlichen Probleme und Sorgen, die sie wegen ihrer Kinder haben. Sie durchleben miteinander die angenehmen und weniger angenehmen Details im Management einer Familie. Sie passen auf die Kinder der Freundin auf, helfen, ein Fest vorzubereiten, gehen miteinander einkaufen, diskutieren miteinander ihr Berufsleben. Im Leben vieler Frauen ist die enge Beziehung zur Freundin, Schwester, Tante oder Kollegin ein Felsen der Stabilität. Und die Essenz dieser Freundschaften wird in ihr tägliches Leben eingewoben. *In der Tat: Eine Frau, die keine beste Freundin hat, ist eine sehr einsame Frau.* Zwischen Frauen gibt es da eine exquisite Nähe, eine Gemeinsamkeit der Erfahrung, der Wagnisse, der Schmerzen und Herausforderung.

Eine enge Freundschaft zu einer Frau verleiht dem Leben Kontinuität. Denn solche Freundschaften können sehr wohl das heutzutage übliche Auf und Ab wechselnder sexueller Beziehungen überdauern – bei Liebhabern und Ehegatten gibt es diese Gewißheiten nicht. Freundschaften bieten eine andere Art der Sicherheit an als sexuelle Beziehungen. Ihnen liegt eine unausgesprochene und ungetrübte Akzeptanz zugrunde, die in Liebesbeziehungen oder Ehen häufig fehlt, in denen häufig die Möglichkeit des Verlassenwerdens oder Verlassens einen bedrohlichen Schatten wirft. Dagegen ist die Frauenfreundschaft durch die entspannte Gegenseitigkeit gekennzeichnet, die eine offene Atmosphäre erlaubt. Hier darf unendlich viel freimütig besprochen und ausgelebt werden.

Das ist die positive, fürsorgliche, gefühlvolle Seite der Frauenbeziehung. Frauen kooperieren miteinander, sie helfen sich, sie schenken sich große Freude. Aber es gibt auch eine andere, negative Seite zu diesen starken positiven Gefühlen. Frauenbeziehungen schaffen einen Regenbogen unterschiedlicher Emotionen. In gewisser Hinsicht ist die schmerzliche, dunkle Seite der Frauenbeziehung selten entlarvt worden. Das ist auf Slogans wie »Frauen gemeinsam sind stark« zurückzuführen, auf die (ideologisierte) Anerkennung der Bedeutung von Frauenbeziehungen. Aber das Wissen um die Bedeutung und um den Wert dieser Beziehungen erlaubt uns, uns mit der Tatsache auseinanderzusetzen, daß nicht alles so idyllisch ist. Frauenbeziehungen können Schmerzen und Wut, Neid und Konkurrenz, Schuld und Kummer hervorrufen. Viele Frauen haben teuer für die Erkenntnis gezahlt, daß enge Freundschaften, Arbeitsbeziehungen, ja ganze Organisationen zerrüttet oder gar zerstört werden können durch unerwartete negative Gefühle. Wenn sich solche schmerzlichen Gefühle in einer Arbeitssituation oder einer Freundschaft bemerkbar machen, können sie ein quälendes Chaos anrichten. Die Intensität, mit der sie erfahren werden, ist fast unerträglich. Aber genauso unerträglich (oder unvorstellbar) ist die Idee, die Freundin direkt mit dem Konflikt zu konfrontieren. Denn anders als in der Ehe existiert in der Frauenbeziehung noch keine allgemein akzeptierte Ebene, auf der es möglich wäre, über Wut oder Schmerz zu sprechen. Und obwohl es vielen Frauen schwerfallen mag, ihre sexuellen Partner mit kritischen oder negativen Gefühlen wie selbstverständlich zu konfrontieren, kommt es in der Regel doch zu einem Punkt, an dem sich diese Gefühle explodierend Ausdruck verschaffen. Innerhalb einer Paarbeziehung finden Frauen häufig ein indirektes Ventil für Wut oder Schmerz: Sie ziehen sich beispielsweise sexuell zurück. Oder sie »nehmen sich die Freiheit heraus«, schlecht gelaunt und »zickig« zu sein. Dem Partner wird so indirekt mitgeteilt, daß etwas nicht in Ordnung ist. Aber selten verhalten wir uns so mit einer Freundin. Vielleicht ziehen wir uns zurück, indem wir nicht so häufig telefonieren. Aber wenn es zur Begegnung kommt, so haben wir in neun von zehn Fällen unseren Kummer heruntergeschluckt. Wir haben ihn auf die übliche Weise verdaut, und wir machen weiter, ohne unsere Gefühle im geringsten kundzutun.

An dieser Stelle wollen wir das Beispiel einer Gruppe von Frauen in Boston anführen. Sie hatten sich als Studentinnen und Rechtspflegerinnen zusammengetan, um eine Anwaltspraxis zu eröffnen. Anfangs ging es ihnen materiell sehr schlecht, aber sie kamen untereinander sehr gut aus. Dann kam der Erfolg und mit ihm internes Chaos. Die Praxis wuchs und gedieh, die Gehälter wurden ohne Schwierigkeiten ausgezahlt, der finanzielle Druck ließ nach, interessante Projekte konnten verfolgt werden.

Aber jetzt kristallisierten sich die Unterschiede zwischen den Anwältinnen immer mehr heraus, und es wurde immer schwieriger, sie zu tolerieren. Der Erfolg schien unvorhersehbare Schwierigkeiten zu produzieren ähnlich wie beim eingangs geschilderten Fall im Richmond College. In harten Zeiten gaben die Frauen einander unendliche Unterstützung, diskutierten unermüdlich über alle Aspekte eines Prozesses, machten Überstunden, um sich gegenseitig mit juristischen Schriftsätzen zu versorgen. Als aber dann der Druck nachließ, fingen sie an, um die »interessanten« Fälle zu konkurrieren, um den Gebrauch der Sachbearbeiterinnen zu streiten. Kurzum, alle Beteiligten waren auf unterschiedliche Weise bedrückt. Schließlich löste sich diese ungewöhnliche und nichthierarchische Praxis auf und hinterließ acht verbitterte und enttäuschte Menschen. Es schien ein Beweis dafür zu sein, daß Frauen nicht miteinander arbeiten könnten. Das Experiment mit dem Kollektiv war zu kleinlichen Krächen und Intrigen degeneriert. Zum Teil war der Niedergang dieser Gruppenpraxis darauf zurückzuführen, daß die Beteiligten angeekelt und schockiert waren, als sie sich der starken negativen Gefühle bewußt wurden. Wärme wurde durch Mißtrauen ersetzt, Schwesterlichkeit durch Konkurrenz und Neid, Großzügigkeit durch Kleinkariertheit und Wut. Aber hätte es auch ein anderes Ende nehmen können? Was hätten diese Frauen unternehmen können, um ihre Organisation und die wichtigen Beziehungen untereinander zu retten?

Häufig sind es gerade »Zweierfreundschaften«, in denen eine Frau plötzlich einer anderen gegenüber Wut, Verrat, Neid und Konkurrenz empfindet. Fast jede Frau kennt folgende Situation: Sie sitzt bei einer Freundin, die ihr soeben von einem großen Glückstreffer erzählt. Und erschrocken muß sie feststellen, daß sie sich unwohl fühlt.

Beispiel Schwangerschaft: Eine Frau möchte schreien, weinen oder toben, weil ihre Freundin ihr erzählt, daß sie schwanger ist. Die Schauspiellehrerin Julie freute sich aufrichtig für ihre Freundin Wendy. Darum ging es nicht. Wendy hatte schon ganz lange ein Kind gewünscht, und so hatte sie über drei Jahre einen Partner gesucht, mit dem sie eine Familie gründen könnte. Nach der Hochzeit mit Tom versuchte sie sofort, schwanger zu werden. Julie war, ohne daß sie es sich hätte erklären können, neidisch. Sie wollte nicht, daß Wendy ihr von ihrem Glück berichtete. Sie wollte nicht, daß ihr Wendy übersprudelnd von Hebammen, Ärzten und möglichen Vornamen erzählte. Sie wollte nicht, daß ihr die Freundin Diskussionen über den Schwangerschaftsverlauf aufzwängte. Über den richtigen Zeitpunkt, mit der Arbeit aufzuhören, über die Auswirkungen der Schwangerschaft auf ihre Sexualität, über ihre Müdigkeit, über ihre Eßgewohnheiten. Julie wollte selbst ein Baby. Sie wollte ebenfalls einen Mann, einen attraktiven Beruf und ein weiteres Kind. Aber sie hatte nur einen Mann, den sie nicht mochte, einen Beruf, der sie nicht ausfüllte, und eine halbwüchsige Tochter, die ihr nur Sorgen machte. Sie hatte das Gefühl, viel zu jung Mutter geworden zu sein. Wie gerne hätte sie jetzt ein Kind bekommen, da sie doch reifer und verständnisvoller war. Um sie herum bekamen die Freundinnen Kinder und fanden ihr Leben aufregend. Sie beneidete sie um ihre Energie und Begeisterungsfähigkeit. Alle anderen schienen in der Lage zu sein, mit ganz vielen Dingen fertig zu werden und das zu bekommen, was sie wollten.

Nach einer Weile waren die schmerzlichen Neidgefühle so unerträglich geworden, daß Julie die Anrufe der Freundin nicht mehr erwiderte und sie immer weniger besuchte. War dieses Auseinanderdriften unvermeidlich? Wie hätte Julie mit ihren Neidgefühlen umgehen können?

Eine mögliche Reaktion, die bei vielen Frauen auftritt, heißt: negative Gefühle verstecken. Still und einsam ertrug Joanna, eine Töpferin, schmerzliche Neidgefühle. Ihre beste Freundin Jenny, die seit fünf Jahren mit Mary in einer Liebesbeziehung lebte, war durch künstliche Befruchtung schwanger geworden. Anscheinend hatte Jenny alle Vorteile auf ihrer Seite – ein schönes Heim, eine interessante Arbeit in den Medien, eine Beziehung und bald auch ein Baby. Joanna trat beruflich auf der Stelle, schien immer die falschen Männer zu treffen und ging jetzt auf die Vierzig zu, ohne überhaupt jemals die Chance gehabt zu haben, über die möglichen Kinderwünsche zu entscheiden. Als Jenny ankündigte, daß sie schwanger wäre, zeigte Joanna keinerlei Regung. Sie errötete nur ganz leicht. Sie bot sich als Babysitter an, strickte Jäckchen für das Kind und war während der Schwangerschaft fürsorglich und freundlich. Aber tief in ihrem Inneren brannte der Neid. Obwohl sie sich sehr stark ein Kind wünschte, erlaubte sie sich nicht, der Freundin ihre große Frustration mitzuteilen. Jenny hätte bestenfalls ihren Kummer darüber teilen können, daß alle anderen Frauen Kinder bekommen. Rein äußerlich betrachtet, ertrug Joanna ihre Neidgefühle mit Würde. Innerlich zerriß es sie. Aber dieses Herunterschlucken kann doch nicht der einzige Weg sein, eine Freundschaft aufrechtzuerhalten?

Julie und Joanna sind keine Einzelfälle. Immer mehr hören wir von der Angst von Frauen, die Ende Dreißig oder Anfang Vierzig sind und sich mit einer Realität auseinandersetzen müssen, die sie nicht vorgesehen haben. Es ist eine Frauengeneration herangewachsen, die Erfüllung und Selbstbestimmung außerhalb der traditionellen Rolle der Ehefrau und Mutter sucht. Und obwohl ihr Berufsleben durchaus befriedigend ist, können sie nicht mehr die Frage der Mutterschaft vor sich herschieben. Bei einigen haben die Lebensumstände und das Alter diese Frage beantwortet. Viele Frauen haben einen starken Kinderwunsch, aber es gibt in ihrem Leben keinen Partner. Bei anderen Frauen, die möglicherweise in Paarbeziehungen leben, ist der Kinderwunsch als solcher konfliktreich. Sie befinden sich in einem Zwiespalt, sie wägen das Für und Wider ab, den Gewinn und den Verlust. Diese Ambivalenz ist lähmend, gleichzeitig tickt die biologische Uhr immer weiter. Das macht angst.

31

Die Entscheidung für oder gegen Kinder geschieht bei dieser Generation von Frauen nicht gleichzeitig. Dies hat zur Folge, daß Frauen andauernd mit Freundinnen, Kolleginnen und Verwandten konfrontiert werden, die gerade schwanger sind oder schon Kinder haben. Und so grassieren heutzutage starke und zutiefst aufwühlende Gefühle, was Schwangerschaft und Gebären betrifft. Das will nicht heißen, daß die Mutterschaft die einzige Quelle von Neid unter Frauen ist. Auch andere »große« Sachverhalte werden da zum Zündfunken: Ob jemand eine sexuelle Beziehung hat oder nicht, ob jemand einen befriedigenden und gutbezahlten Beruf hat oder nicht. Die unterschwelligen Neidgefühle explodieren dann bei scheinbar viel geringeren Anlässen.

In Unglück und Not freundschaftlich und einig zusammenstehen – das ist das Kennzeichen der positiven Seite von Frauenbeziehungen. Allmählich setzen sich die Frauen mit einer weiteren Realität ihrer Beziehungen untereinander auseinander, nämlich mit Konflikten, die beim Erfolg von individuellen Frauen oder Frauengruppen auftauchen, oder mit dem Kummer, der aus Meinungsverschiedenheiten herrührt, die in einer auf gemeinsames Leiden aufgebauten Beziehung scheinbar keinen Platz haben dürfen. Die Frauen versuchen, diese Mechanismen untereinander besser zu verstehen und so wertvolle Beziehungen zu retten. Aber hier liegt eine Realität vor, die häufig allzuleicht verdrängt wird.

Um diesen Prozeß nachzuvollziehen, müssen wir begreifen, wie die veränderte soziale Rolle der Frau ihre Beziehung zu anderen Frauen berührt. Zwar haben wir auf dem Gebiet der persönlichen Entfaltung dazugewonnen, aber uns berühren auch neue Schwierigkeiten, neue Konflikte und neue Leiden. Wir sind gezwungen, diese Veränderungen in einer gesellschaftlichen und psychologischen Perspektive zu sehen. Und wir müssen noch weiter gehen. Wir müssen begreifen, wie die Frauen mit diesen neuen Realitäten und Schwierigkeiten in ihren Freundschaften, in Frauenkollektiven und im Beruf

32

umgehen. Wir haben uns daran gewöhnt, daß wir uns bei der Befriedigung zahlreicher unterschiedlicher Bedürfnisse aufeinander verlassen können. Wir haben die Nähe zueinander genossen. Die Stärke unserer Beziehungen zueinander sowie eine genaue Analyse der augenblicklichen Lage werden uns erlauben, die neuen Konflikte zu analysieren und zu lösen, so daß wir unsere wichtigen, ja lebenswichtigen Beziehungen weiterentwickeln können.

2. Neue Erwartungen

Ob eine Frau sich zur Emanzipationsbewegung zugehörig fühlt oder nicht: Nur wenige sind von den Ideen und Forderungen dieser Bewegung vollkommen unberührt geblieben. Wir alle haben ein Jahrzehnt des Aufbruchs und Umbruchs erlebt, eine der radikalsten Phasen dieses Jahrhunderts. Ideen, die anfangs geradezu revolutionär erschienen, haben sich in unseren Familien, an unseren Arbeitsstätten, in der Schule und in der Kunst durchgesetzt. Das Bild der büstenhalterverbrennenden, männerhassenden Feministin ist verblaßt. Statt dessen sehen wir eine Frau mit Aktentasche, die tagsüber hart im Büro arbeitet, nebenher ein Fitneßprogramm absolviert und heimkehrt zu einem befreiten, abwaschenden Ehemann und Kindern. Oder wir sehen eine Frau mit Schutzhelm und Arbeitsstiefeln, die in einem ehemals typischen Männerberuf ihre Fähigkeiten unter Beweis stellt. Wir wissen nicht, ob sich diese Frauen als Feministinnen begreifen. Und vielleicht ist die Frage auch irrelevant. Es handelt sich hier nur um moderne Frauen, die den eigenen Erwartungen und denen ihrer Umwelt gemäß leben.

Die moderne Frau wird in der Tat von höchst widersprüchlichen Rollenvorbildern überflutet: Frauen sind Topmanager, Frauen sind Mütter, Frauen sind unabhängig, Frauen sind schwach und abhängig, Frauen sind Sekretärinnen, Frauen sind Ingenieure, Frauen sind sexuell selbstbewußt und befreit, Frauen sind locker und verhurt, Frauen tragen Pfennigabsätze, Frauen tragen Männerschuhe, Frauen ziehen sich Seiden-

unterwäsche und Spitzenstrümpfe an, Frauen kaufen sich maßgeschneiderte Kleidung, Frauen benutzen ihre eigene Kreditkarte, Frauen sind für die Wäsche zuständig und chauffieren
ihre Kinder durch die Gegend, Frauen bezahlen Haushälterinnen, die ihnen einen Teil der Arbeit abnehmen, Frauen sind bei
anderen Frauen Haushälterinnen. Die Liste ist endlos, aber
ihre Bedeutung ist klar. Heutzutage leben Frauen im Zentrum
eines gesellschaftlichen Wertewandels. Wir haben die alten
Fesseln, die alten Definitionen gesprengt. Und jetzt kämpfen
wir darum, einen neuen und rechtmäßigen Platz sowohl in der
Gesellschaft als auch in der Familie zu finden. Breitbeinig
versuchen wir, in zwei Welten zu stehen.

Die Zeitungen verkünden, daß die Frauenbewegung nicht
mehr existiert, der Kampf um Gleichberechtigung gewonnen
ist. Aber die Frauen haben erfahren müssen, wie unendlich
anstrengend es ist, gleichzeitig diszipliniert und ehrgeizig im
Beruf dem Erfolg nachzustreben und zu Hause fürsorgliche
und liebende Ehefrauen und Mütter zu bleiben. Und die
Medien, die sich stets gierig nach neuen Märkten und neuen
Stereotypen umsehen, haben den Druck erhöht, indem sie uns
alle mit dem Bild der neuen Superfrau überwältigen: Sie hat
nicht nur einen liebevollen Ehemann, ein makelloses Heim und
tadellos umsorgte Kinder, sondern auch einen Spitzenjob mit
viel Geld und Macht. Der gewaltige Streß, der von diesen
neuen Erwartungen verursacht wird, liegt auf der Hand. Wir
müssen uns nur die steigende Anzahl von Herzinfarkten und
Lungenkrebs bei Frauen anschauen.

Aber woher sollen wir die Stärke kriegen, um die Rolle der
modernen Superfrau auszufüllen? Diejenigen unter uns, die
die Aufbruchphase der Frauenbewegung miterlebt hatten,
bezogen ihre Stärke aus den gemeinsamen Erfahrungen. Wir
brachen unsere Isolierung auf, und uns macht die Nähe zu
anderen Frauen Mut. Dort, wo nur eine Frau stand, existierten
Minderwertigkeitskomplexe, Selbsthaß, Passivität, Angst.
Dort, wo viele Frauen gemeinsam handeln konnten, fand man

Verstehen, Empathie, Wut, Schmerz, Einigkeit und ein neues Machtgefühl. Wir sahen die Frauen mit einem anderen Blick, wir lernten sie schätzen, und so lernten wir uns selbst schätzen. Wir änderten uns – individuell und gesellschaftlich.

Beziehen Frauen heutzutage immer noch ihre Stärke aus der Unterstützung anderer Frauen? Vielleicht ist die Krise unserer Beziehung untereinander der größte Konflikt, den die explosive Auswirkung der Bewegung uns gegenwärtig beschert hat. Wir haben im ersten Kapitel gesehen, daß Frauen imstande sind, intime und wichtige Beziehungen und Freundschaften zueinander herzustellen. Es sind auch Bücher erschienen, die uns belehren, daß wir Freundschaften in Ehre halten müssen und daß Männer auf diesem Gebiet etwas von Frauen lernen können. Feministische Theoretikerinnen haben auf die Fähigkeit der Frauen hingewiesen, mit anderen Menschen eine Verbindung herzustellen, zu geben, sich auf andere einzulassen, sowie auf die Notwendigkeit der gesellschaftlichen Anerkennung dieser weiblichen Qualitäten. Die Rolle der Frau als Ernährerin und Mutter hat ihr stets die Fähigkeit und Gelegenheit beschert, sich auf andere zu beziehen und keine Angst vor emotionaler Nähe zu haben. Schon lange vor der Frauenbewegung haben Frauen tiefe Freundschaften untereinander entwickelt. Mütter und Töchter, Schwestern und Tanten, Freundinnen und Nachbarinnen konnten im Praktischen und Emotionalen aufeinander bauen. Diese Beziehungen wurden durch die Frauenbewegung noch weiter intensiviert. Frauen taten ihre geheimsten Gedanken und Erfahrungen kund und erreichten so eine neue Ebene der Intimität. Nichts mußte versteckt werden. Frauen berichteten von den intimsten Einzelheiten ihrer sexuellen Erfahrungen und Phantasien. Sie sprachen offen darüber, was sich hinter der Fassade ihrer Ehe bzw. ihrer Beziehungen zu Männern und anderen Frauen verbarg. Es gab keine Verbotsschilder.

Aber es hat sich etwas verändert. In unserer therapeutischen Praxis hören wir, wie Frauen neue Themen ansprechen, die sie nicht mit ihren engsten Freundinnen zu diskutieren wagen. Es ist eine »nachfeministische« Selbstzensur eingetreten, die bestimmte Gefühle als unakzeptabel verbietet. Konkurrenz- und Neidgefühle nehmen zum Beispiel immer mehr überhand. Keine Frau kann ihnen heutzutage entgehen. Aber jede Frau empfindet sie als Druck. Solche Gefühle sind die Quelle großen Leids und Verwirrung für alle Frauen. Es existiert eine neue Privatisierung von Erfahrungen. Diese Isolierung ist allerdings nicht mit der alten Isolierung identisch. Ähnlich sind die Selbstzweifel, die Vorwürfe, die Minderwertigkeitskomplexe, der Neid. Aber diesmal sind die zugrundeliegenden Konflikte komplexer. Hier liegen stärkere Kräfte miteinander im Widerstreit.

Als wir in jener Aufbruchszeit der Frauenbewegung aus unserer Isolation ausbrachen und mit anderen Frauen den Schulterschluß übten, wuchsen unsere Ansprüche und das Gefühl, für die richtige Sache einzustehen. Wir wußten, daß unser Kampf Türen öffnete, die für unsere Mütter verschlossen waren. Obwohl viele dieser Frauen ebenfalls gearbeitet hatten – aus ökonomischen oder persönlichen Gründen –, waren sie doch nur selten auf jenen Gebieten tätig gewesen, die den Männern vorbehalten waren. Sie erreichten ihre Ziele als Individuen. Wir dagegen hatten das Gefühl, eine Bewegung im Rücken zu haben, als wir, wenn auch zitternd, durch diese neu eröffneten Türen traten. Die Bewegung war unsere Schutzhülle – wir konnten sie mitnehmen bei unserer Eroberung der Welt.

Eine Welt, die seit Jahrhunderten von Männern besetzt worden war. Unser Feld war das Heim, ihre die große weite Welt. Und so standen wir da auf fremdem Terrain. Zwar hatte es hier zuvor schon Pionierinnen gegeben, aber sie waren wenig und anders. Sie waren als Ausnahmeerscheinungen betrachtet worden, als unweiblich. Stolz und laut kündigten wir uns vor unserem Auftritt als *Frauen* an, und das Publikum reagierte. Man machte uns lächerlich, als wir darauf bestanden, »Frau« und nicht »Fräulein« genannt zu werden. Aber wir beharrten darauf, und wir wurden Frau genannt. Wir bissen die Zähne zusammen, wenn männliche Kollegen und Vorgesetzte bewußt oder unbewußt unsere Bemühungen und unser Selbstvertrauen aushöhlten, indem sie unsere Arbeit peinlich genau inspizierten und uns beim geringsten Fehler angriffen. Andere Kollegen waren sich der Stärke unserer Bewegung bewußt. Sie erkannten, daß auch sie einen Beitrag zu leisten hatten, und reagierten mit einer etwas progressiveren Form der Verunsicherung: mit Ehrfurcht und mit Mystifizierungen.

Aber obwohl wir in der Tat in gewisser Hinsicht eine Bewegung hinter uns hatten, mußten wir doch im Alltag allein mit unserer Arbeit fertig werden. Jede Frau mußte sich der Herausforderung ihrer spezifischen Umwelt stellen, und um zu überleben, mußte sie einen eigenen Weg in der fremden Arbeitswelt der Männer finden. Sie mußte sie einarbeiten – und doppelt so gut sein, um ihre Kompetenz zu beweisen. Sie mußte sich den Spielregeln anpassen, um hereinzukommen und auch zu bleiben. Sie betrat eine Welt, die eine besondere Geschichte und eine besondere Arbeitsethik hatte. Hier war Konkurrenzverhalten angesagt, und das stand im Widerspruch zu den euphorisierenden Erfahrungen in der Frauenwelt zuvor. Eine Welt mit eindeutigen hierarchischen Strukturen. Eine Welt, in der man nicht Verletzbarkeit oder Mitgefühl zu zeigen wagt, weil man sonst den eigenen Aufstieg gefährden könnte. In dieser Welt der Einzelkämpferinnen kann das alte Netzwerk der Frauensolidarität tragisch ausgehöhlt werden.

Ann Russel steht an der Spitze eines großen Verlagshauses. Sie ist eine äußerst erfolgreiche Frau. Die standfeste, warmherzige und äußerst gesellige 57jährige begann ihre Karriere als Lektorin, als ihr zweites Kind in den Kindergarten kam. Schon bald war sie diejenige, der man von allen Lektoren die meiste Kompetenz zusprach. Vier Jahre später wurde sie zur Cheflektorin befördert. In dieser Zeit war sie mit einer Gruppe von Kolleginnen eng befreundet. Als sie jedoch Cheflektorin wurde, gab es eine spürbare Veränderung. Zwar gingen die Frauen weiterhin mittags gemeinsam essen, aber nicht mehr so häufig. Und als Ann zur stellvertretenden Geschäftsführerin befördert wurde, war die Veränderung noch spürbarer. Im ersten Monat hatte sie so viel mit den Anforderungen der neuen Stellung zu tun, daß sie keine Zeit hatte, sich mit ihren Kolleginnen zu treffen. Die Wochen vergingen, und die Distanz wurde größer. Eines Tages hatte Ann ein Arbeitsessen mit einer Autorin. Plötzlich sah sie ihre alten Kolleginnen an einem anderen Tisch. Die drei sprachen über ihren Tagesablauf, ihr Privatleben, ihre jüngsten Einkäufe oder über ein neues Buch oder über einen neuen Film. Ann wurde das Herz schwer, sie fühlte sich einsam und war völlig verzweifelt. Sie war eine Außenseiterin, sie gehörte nicht mehr dazu. Der Erfolg hatte sie von den ehemaligen Kolleginnen getrennt. Bei der Arbeit erlebte Ann die Einsamkeit wie nie zuvor.

Heutzutage ist eine »Erfolgsgeschichte« wie die Anns nichts Ungewöhnliches. In unserer therapeutischen Praxis hören wir immer mehr von Konflikten und Problemen, die Frauen mit anderen Frauen haben, weil sie immer erfolgreicher werden. Offensichtlich zahlte Ann einen hohen Preis für ihre Karriere. Aber warum? Ist dieser Preis unvermeidlich?

Im letzten Jahrzehnt haben immer mehr Frauen einen Status erreicht, der zuvor den Männern vorbehalten war. Professionelle Kompetenz hat sich noch nicht als Bestandteil der Definition des Frauseins durchgesetzt. In der Vergangenheit hatte das Image einer erfolgreichen Frau meistens etwas mit Glanz und Schönheit zu tun und nicht mit beruflicher Kompetenz. Starke Frauen, die im Rampenlicht standen, wurden häufig »vermännlicht«. Und so war es für normale berufstätige Frauen schwer, sich mit ihnen zu identifizieren.

Es fällt doch einfach auf, daß die drei weiblichen Regierungschefs der siebziger und achtziger Jahre, Golda Meir, Margret Thatcher und Indira Gandhi, alle in Kriege verwickelt waren – *der* männlichen Aktivität schlechthin. So sind diese Frauen, die in der Öffentlichkeit stehen, häufig Meilen von einem Rollenvorbild entfernt, dem normalen Frauen nachzueifern wünschen.

Inzwischen gehen Frauen davon aus, daß die Berufstätigkeit ein wesentlicher Bestandteil ihrer Identitätsfindung ist. Und daß sie viele Jahre im Arbeitsleben verbringen werden. Bei dieser Entwicklung setzen sie sich zunehmend mit weiblichen Vorgesetzten auseinander, die sie nachahmen oder gar übertreffen wollen. Zu ersten Mal in der Geschichte gibt es eine beträchtliche Anzahl weiblicher Chefs. Hier kristallisiert sich eine neue Art der Frauenbeziehung heraus, und die Beteiligten können nicht immer leicht damit umgehen. Weibliche Vorgesetzte können nicht umhin, die Rolle eines Vorbildes anzunehmen, ob sie das wünschen oder nicht. Für eine Frau auf der Karriereleiter sind Konkurrenzdenken, Neid sowie der Wunsch nach Bestätigung seitens anderer Frauen ein Teil des täglichen Arbeitslebens. Diese Gefühle können beunruhigend und verwirrend sein, und oft genug schaffen sie bei der Arbeit echte Probleme, die wiederum das neue Selbstwertgefühl der Frau beeinträchtigen.

Elaine war eine Lektorin in Anns Verlagshaus. Sie arbeitete mit einer Reihe von wichtigen und auch einträglichen Autoren zusammen und war daran gewöhnt, große Vertragsabschlüsse zu tätigen. Sie selbst hatte zwei Bestseller für den Verlag eingekauft, die großen Gewinn abwarfen. Dies schlug sich jedoch nicht in ihrem eigenen Gehalt nieder, dennoch hatte sie große Angst, um eine Gehaltserhöhung zu bitten. Sie war hin und her gerissen zwischen einem Gefühl der Dankbarkeit, weil sie eine gute Position hatte, und dem Gefühl der Wut, weil ihre Arbeit finanziell nicht angemessen belohnt wurde. Darüber hinaus war sie auf sich selber wütend, weil ein Mann, so dachte sie, in ihrer Lage sicherlich anders handeln würde. Aber obwohl sie es anfangs nicht erkannte, steckte ein besonderes Problem hinter ihrer Passivität und Ängstlichkeit. Sie mußte eine weibliche Vorgesetzte, nämlich Ann, um diese Gehaltserhöhung bitten. Ihrer Meinung nach hätte aber Ann ihre Leistung unaufgefordert erkennen und belohnen müssen. Elaines Meinung nach sollte Ann dieses »wissen«. Irgenwie hatte sie das Gefühl, daß ein offenes *Ansprechen* des Problems nur ein Beweis dafür wäre, daß sie letztendlich die Gehaltserhöhung doch nicht verdiente.

Es vergingen Monate, bevor Elaine Mut genug hatte, über eine Gehaltserhöhung mit Ann zu diskutieren. Und als sie schließlich das Thema ansprach, verhielt sie sich völlig duckmäuserisch und zitterte innerlich. Sie erhielt die erwünschte Gehaltserhöhung. Sechs Monate später kam es zu einer Umstrukturierung im Verlag. Jetzt war ein Mann für Personal- und Gehaltsfragen zuständig. Elaine hatte einen weiteren Bestseller lanciert und war der Meinung, daß sie bei ihrer letzten Gehaltsforderung zu schüchtern aufgetreten war. Eines Tages stand sie da im Büro des neuen Chefs und bat um eine Gehaltserhöhung ohne jegliche Vorbereitung. Von der eigenen Offenheit überrascht, dachte sie beim Verlassen des Raumes nach, wie anders sie sechs Monate zuvor aufgetreten war. Sie konnte ihr energisches Auftreten kaum darauf zurückführen, daß sie bei der letzten Begegnung mehr Selbstvertrauen gelernt hatte. Und es war auch nicht mit irgendeiner besonderen Freundlichkeit seitens des Mannes zu erklären. Der einzige Unterschied: Diesmal hatte sie mit einem Mann verhandeln müssen, beim ersten Mal mit einer Frau. Was hatte das zu bedeuten? Warum war sie bei einer Frau unsicher und bei einem Mann nicht? Sie war verwirrt. Hier war genau das Gegenteil von dem passiert, was sie eigentlich erwartet hätte. Als ob das Vorführen von Selbstvertrauen einer anderen Frau gegenüber irgendwie gefährlich und verboten wäre.

Frauen stellen manchmal Geschlechtsgenossinnen in Machtpositionen vor lauter Bewunderung auf einen Sockel. Und wenn die Geschäftsführerin, die Professorin, die Prokuristin, die Haupteinkäuferin, die leitende Verwaltungsangestellte, die Spitzenchemikerin usw. auf jenem Sockel steht, so wird sie zur Empfängerin einer ganzen Bandbreite von Gefühlen. Manchmal sehen andere Frauen sie als inspirierendes Leitbild. Weil sie gezeigt hat, daß eine Frau Erfolg haben kann. Aber genauso häufig machen sich Eifersucht, Wut und Neid breit. Die Erfolgsfrau wird zum Lieblingsprojekt von Neugier und Klatsch. Ihrem Privatleben und ihren beruflichen Aktivitäten werden überproportional Wichtigkeit verliehen. Fasziniert beschäftigt sich die Umwelt mit ihr. Das kann zur großen Isolierung führen. Andere Frauen reagieren nicht mehr spontan auf sie. Ihre Reaktionen werden durch einen Morast von Projektionen und Phantasien erstickt. Wenn sie mit einer Kollegin beiläufig über die eigenen Schwächen spricht, ist diese völlig verblüfft, weil sie niemals solche Gefühle bei ihrer Vorgesetzten vermutet hätte. Als ob Autorität und berufliche Macht mit einem Verlust an Weiblichkeit einhergingen.

Aber sogar in typischen Frauenbetrieben und Arbeitsgruppen, die sich weniger nach der Männerwelt orientieren und einen weniger männlichen Arbeitsstil vorführen, stoßen wir auf psychologische Probleme. Wir müssen uns mit ihnen auseinandersetzen, wenn diese Frauenprojekte weiterhin erfolgreich sein sollen.

Rena war die persönliche Assistentin der Leiterin einer kleinen Designfirma. Sie war ungefähr ein Jahr älter als ihre Chefin, war im formalen Sinne nicht so gut ausgebildet, hatte aber viel Energie und Lebhaftigkeit. Der Job bot ihr eine Bandbreite von Möglichkeiten. Sie verwaltete, formulierte Angebote oder kümmerte sich um das Marketing. Der Job hatte sie interessiert, weil sie sich hier unter Beweis stellen konnte. Ihre Chefin Margie hatte sie eingestellt, weil Rena talentiert und fähig wirkte, Sinn für Humor hatte und viel Initiative aufwies. aber als sie dann mit der Arbeit anfing, war sie von der Realität etwas enttäuscht. Sie »zeigte nicht, was sie konnte«, sie forderte sich nicht, wie sie selbst sagte. Sie machte sich nicht die Chancen zunutze, die dieser Job für sie hatte. Margie sah es genauso. Ihr tat es leid, daß Rena nicht soviel beitrug, wie es beide eigentlich gehofft hatten. Sie verhielten sich durchaus freundschaftlich zueinander während der Arbeit, aber warum kam es nicht zu jener herrlichen Zusammenarbeit, die beide doch so gewünscht hatten? In der Therapie erzählte Rena, wie inkompetent sie sich in der Nähe von Margie fühlte. Wie sie stets ihre Mängel zu überspielen versuchte und darauf wartete, entlarvt zu werden. Sie bewunderte Margie sehr, und sie hatte wirklich gehofft, ihr ähnlich zu werden. Als sie bei Margie angefangen hatte, träumte sie davon, so gute Beiträge zu leisten, daß sie vielleicht Partnerinnen werden könnten. Margies Selbstvertrauen beeindruckte sie, das war etwas Wirkliches und Solides. Ihr eigenes Selbstvertrauen schien ihr dagegen oberflächlich zu sein und auf dünnem Eise zu stehen. Sie wollte das, was Margie hatte. Und sie hatte Interesse an diesem Job gewonnen, weil sie die Hoffnung hegte, daß Margie ihr dies geben könnte.

In Wirklichkeit war Margies Selbstvertrauen in etwa so zerbrechlich wie das von Rena. Obwohl ihr Betrieb erfolgreich war, hatte sie Angst, zu expandieren. Daß sie Rena mit einer so vagen Stellenbeschreibung bei sich eingestellt hatte, war ein Vorbeimogeln an der Entscheidung über die Perspektiven ihrer Firma. Sie war nicht willens, eine Führungskraft zu sein, die ihr selbst, Rena und der Firma erlauben würde, sich weiterzuentwickeln. Obwohl sie die Bildung und Kompetenz einer typischen höheren Tochter projizierte, war sie tatsächlich die erste Frau in ihrer Familie, die für Geld arbeitete und die Arbeit auch noch ernst nahm. Ihr machten die eigentliche Designarbeit und der Kontakt mit Kunden aufrichtig Freude. Aber sie sah sich einfach nicht als Arbeitgeberin, die ein expandierendes Unternehmen leitete. Rena wollte von Margie geführt werden. Sie war enttäuscht und verwirrt, als sie keine Direktiven bekam. Sie sah weiterhin voller Ehrfurcht zu Margie hoch. In ihren Augen war ihre Chefin perfekt. Sie mochte Margies lässiges Verhalten, und sie beneidete ihre Chefin um deren entspannte Art, das Unternehmen zu leiten. Für Margie dagegen war dies nur ein Beweis für mangelnden Ehrgeiz. Margie interpretierte ihr lässiges Auftreten als Ausdruck von Schüchternheit, als Unfähigkeit, Chancen zu ergreifen. Sie hatte Rena gegenüber Schuldgefühle, weil sie meinte, ihre Assistentin zu enttäuschen. Beide stellten Anforderungen an Margie, die sie nicht erfüllen konnte. Rena reagierte auf diese Enttäuschung so, daß sie sich selbst die Schuld zuschrieb und ihre Chefin auf einen Sockel erhob. Und auch Margie fühlte sich schuldig. Das Bedürfnis dieser beiden Frauen, die eigene Unsicherheit vor der anderen zu verstecken, höhlte die Authentizität ihrer Beziehung aus und machte eine erfolgreiche Zusammenarbeit unmöglich.

Die wachsende Integration in die Arbeitswelt hat den Frauenbeziehungen einen Stempel aufgedrückt. Auch den Beziehungen außerhalb der Arbeit. Ihre beruflichen Verpflichtungen überwältigen die Frauen geradezu, und sie beschäftigen sich sehr stark mit ihrer Arbeit. Der Ehrgeiz treibt sie an. Frauen mit Partnern oder Kindern entdecken zudem, daß Arbeit und Familie so viel Zeit und Energie konsumieren, daß für die Freundschaft zu Frauen wenig übrigbleibt. Beziehungen, die einst eine so wichtige Rolle im täglichen Leben gespielt haben, sind verblaßt oder zu Ende gegangen, hängen nur noch an einem dünnen Faden. Sogar die Erinnerungen an diese Beziehungen werden schwächer: Wir wissen kaum noch, wie wir uns damals gefühlt haben, wie uns diese Freundschaften emotional gestärkt haben, wie wir »wir selbst« sein durften.

Um sechs Uhr kommt Eva, die bei einer Telefongesellschaft arbeitet, abends nach Hause, begrüßt ihre zwei kleinen Kinder und ihren Mann und hört sich von jedem einzelnen die chaotischen Berichte über den Tagesablauf an. Ihr Ehemann Tom erwähnt nebenbei, daß ihre beste Freundin Andrea angerufen hat. Dann erzählt er ihr von der Unterhaltung, die er mit seinem Boß gehabt hat, ihre Tochter zeigt ihr einen Aufsatz, den sie in der Schule geschrieben hat. Gleichzeitig versucht der Sohn, ihr von seinem Zahnarzttermin zu berichten. Ob sie es wohl schafft, Andrea zurückzurufen, zögert sie zuerst. Sie findet es gräßlich, daß ein Telefonat mit ihrer besten Freundin ebenfalls zu Druck ausartet. Erschöpft von ihrem langen Arbeitstag, versucht Eva, aufmerksam mit ihrer Familie umzugehen. Sie weiß, daß ihre Kinder sie so stark in Anspruch nehmen, weil sie den ganzen Tag ohne sie verbracht haben, und deswegen sehr viele Bedürfnisse an sie richten. Sie muß sich völlig zusammenreißen, um nicht alle anzubrüllen. Was sie jetzt braucht, ist etwas Frieden und Ruhe, ein paar Augenblicke der Entspannung. Und sie weiß, daß sie das nicht haben kann. Sie und ihr Mann bereiten das Essen, die Familie setzt sich zur Mahlzeit hin. Danach räumt ihr Mann auf, während Eva die Kinder badet und fürs Bett fertigmacht. Um neun Uhr sind die Kinder eingeschlafen, und Eva bricht erschöpft auf dem Sofa zusammen. Sie denkt über Andrea nach, die seit zwölf Jahren ihre beste Freundin ist. Ein paar Stunden zuvor hatte sie daran gedacht, sich mit ihrer Freundin zu treffen. Das versuchten beide mit schöner Regelmäßigkeit – aber dieser Begriff hatte sich über die Jahre verändert. Früher trafen sich beide Frauen mindestens einmal in der Woche und riefen sich täglich einmal an. Jetzt, da beide mit Beruf und Familie beschäftigt sind, macht es ihnen schon Mühe, sich einmal im Monat zu treffen. Eva reißt sich noch ein letztes Mal zusammen und geht zum Telefon. Sie sprechen ein paar Minuten miteinander, voller Mitgefühl gehen sie auf die Erschöpfung der Freundin ein. Dann berichten sie einander von den letzten Neuigkeiten und nehmen sich vor, sich endlich zu treffen. Sie holen ihre Notizbücher und fangen an zu blättern. Es ist nicht leicht, einen Abend zu finden, der beiden paßt. Da gibt es so viele Termine, die mit der Arbeit, der Familie oder anderen Dingen zusammenhängen, daß beide drei Wochen warten müssen. Enttäuscht und niedergeschlagen verabschieden sie sich und versprechen sich gegenseitig, bald wieder anzurufen.

Jede Frau muß sich den Anforderungen eines modernen Frauendaseins in einer ihr angemessenen Weise anpassen. Eine der größten Errungenschaften der Emanzipationsbewegung ist die Freiheit der Frauen, über Zeitpunkt und Umstand einer möglichen Familiengründung zu entscheiden. Auf der anderen Seite hat aber diese Freiheit zu einer Ungleichheit geführt, die nicht so leicht zu überbrücken ist. Im ersten Kapitel haben wir gesehen, wie schmerzlich es für Julie war, von Wendys Schwangerschaft zu hören. In unserer therapeutischen Praxis berichten uns Frauen zunehmend von ihrer Einsamkeit und ihrer Zögerlichkeit, in das Leben der Freundin »einzudringen«. Das geschieht insbesondere, wenn eine der Beteiligten alleinstehend lebt, während die andere eine Familie hat. Alleinstehende Frauen mit Kindern leben unter einem zusätzlichen Druck, und oft genug sind ihre Freundinnen, die in einer Paarbeziehung leben, für sie außer Reichweite. Eine Frau, die in einer Partnerschaft lebt, kann sich sowohl bei ihrem Partner als auch bei Freundinnen emotionalen Rückhalt holen. Die alleinstehende Frau dagegen hat nur ihren Freundeskreis. Jene Frauen, auf die sie so felsenfest vor einem Jahrzehnt gebaut hat, werden inzwischen scheinbar von Schwangerschaft, Familie und der Berufstätigkeit verschlungen.

Alleinstehende und geschiedene Frauen empfinden möglicherweise das Fehlen einer Frauenbeziehung viel schmerzlicher als Frauen, die eine Familie haben. Zum Beispiel Alison: Die 33jährige ist seit kurzem von ihrem Mann getrennt. Es fällt ihr sehr schwer, mit der Trennung und dem Alleinleben zurechtzukommen. Ihre beiden engsten Freundinnen sind verheiratet. Seit rund zehn Jahren bilden die Freundinnen ein Trio, das vieles miteinander durchgemacht hat.

Die Männer kamen und gingen, aber die »Mädchen« waren immer da. Jede von ihnen heiratete, und ihre Beziehungen untereinander paßten sich diesem neuen Umstand an. Die Frauen bezogen ihre Partner in die Gruppe ein, und die Paare verbrachten sehr viel Zeit gemeinsam.

Seitdem Alison und Jack sich getrennt haben, sieht sie die Clique sehr viel seltener. Nach Feierabend verspürt Alison häufig Angst, wenn sie ihre Wohnung betritt. An einigen

Abenden ist es schlimmer als an anderen. Aber jedesmal verspürt Alison verzweifelt den Wunsch, mit irgend jemandem zu telefonieren, sich mit einem Menschen in Verbindung zu setzen, einfach weniger allein zu sein. In den ersten Monaten nach Jacks Auszug hatte Alison durchaus das Gefühl, eine ihrer beiden Freundinnen ohne große Umstände anrufen zu dürfen. Denn sie verstanden, in welcher Krise sich Alison befand. Aber nach weiteren Monaten bekam Alison das Gefühl, daß diese Anrufe nicht mehr so selbstverständlich waren. Sie wußte, daß die beiden anderen abends müde waren und das Bedürfnis hatten, mit ihren Ehemännern auszuspannen. Sie konnte in ihren Stimmen die Erschöpfung hören, und sie spürte, daß die beiden anderen nicht genug Energie hatten, um sich auf sie einzustellen. Sie fürchtete, daß sie allmählich ihren Freundinnen auf die Nerven ging. Und so saß sie allein da mit ihrem Schmerz und ihrem Kummer.

Auch wenn sich Frauen keineswegs durch Berufstätigkeit und Familienstand voneinander unterscheiden, so können doch gesellschaftliche Erwartungen, Phantasien und Eigenprojektionen, was die Rolle der neuen Frau betrifft, Freundschaften empfindlich abblocken.

Marilyn und Arlene arbeiten im selben Zentrum für Beschäftigungstherapie. Für beide war es emotional äußerst problematisch, mit den Anforderungen ihres Berufes fertig zu werden. Beide sehnten sich nach einer guten Freundin, mit der sie sich austauschen konnten. Aber das Bild, das sie sich voneinander machten, erwies sich als Stolperstein.

Marilyn ist 48 Jahre alt und seit 26 Jahren verheiratet. Sie hat drei erwachsene Kinder. Als das jüngste zur Oberschule ging, kehrte Marilyn zur Universität zurück, um sich dort als Beschäftigungstherapeutin ausbilden zu lassen. Als sie dann endlich arbeitete, war sie begeistert von der neuen Situation. 20 Jahre lang hatte sie zu Hause die Kinder großgezogen, drei harte Jahre lang hatte sie an der Universität verbracht. Jetzt endlich war sie eine eigenständige berufstätige Frau. Ihr Ehemann und der jüngste Sohn mußten zu Hause den Tagesablauf nach ihr ausrichten. Sie mußten gemeinsam diskutieren, wer die Einkäufe erledigte und wer als erster zu Hause war, um das Essen vorzubereiten. Das war eine drastische Veränderung. Es war nicht mehr so, daß alle Familienmitglieder das Haus verließen, während Marilyn das Nest hütete. Nun gab es auch für sie eine andere Dimension im Leben.

Ihr erstes Gehalt kam ihr wie die Verleihung des Nobelpreises vor. Sie diskutierte mit ihrem Ehemann darüber, was man mit den Gehältern anfangen würde. Und sie wußte, daß sie einen Großteil ihres selbstverdienten Geldes für persönliche Zwecke einbehalten wollte. Das Gehalt und die Berufstätigkeit schienen Marilyns Selbstbewußtsein immer stärker werden zu lassen: Jetzt fühlte sie sich zunehmend in der Lage, selbständig Dinge zu entscheiden, die sie zuvor doch lieber mit ihrem Ehemann abgesprochen hätte.

Marilyns Berufstätigkeit wirkte sich fundamental auf ihr Selbstwertgefühl und ihre Identität aus. Sie entdeckte Teile ihrer Persönlichkeit, die seit Jahrzehnten geschlummert hatten. Sie fühlte sich so vital und schwungvoll wie seit Jahren nicht mehr.

Aber der Prozeß der inneren Veränderung (der Psychologie und des Selbstbildes) ist häufig quälend langsam. Selbstverständlich hatte Marilyns Verhältnis zur Berufstätigkeit gewaltige Auswirkungen auf sie. Marilyn mußte auf zwei Seiten mit Veränderungen fertig werden: Ihr Verhältnis zu Heim und Familie wurde anders, und sie hatte neue Verpflichtungen an ihrer Arbeitsstelle. Sie mußte mit Schuldgefühlen ihrem Mann und ihrem Sohn gegenüber fertig werden, weil sie nicht mehr so selbstverständlich zur Verfügung stand und abends häufig müde war. Sie ertappte sich dabei, nachts um zehn Uhr noch die Wäsche zu waschen oder während der Mittagspause hektisch Einkäufe zu tätigen. Innerlich spürte sie irgendwie, daß diese Dinge nicht wichtig waren. Dennoch konnte sie nicht damit aufhören. Bei der Arbeit hatte sie Probleme mit ihrem mangelnden Selbstvertrauen. Sie starrte Kollegen ungläubig an, wenn jene ihre Meinung zu einem bestimmten Behandlungsverlauf einholten. Eine ganze Weile hatte sie das Gefühl, eine Art Spiel zu betreiben, das jeden Augenblick zu Ende gehen könnte. Nachdem sie zugestimmt hatte, ein Referat für eine Konferenz der Beschäftigungstherapeuten zu halten, konnte sie einen Monat lang nicht schlafen. Sie konnte an nichts anderes mehr denken als an dieses Referat und hatte Alpträume, in denen sie ihre Stimme verlor oder auf dem Podium in Ohnmacht fiel. Sie schaute sich ihre jüngeren Kolleginnen an wie zum Beispiel Arlene und stellte sich vor, daß diese unendlich mehr Selbstvertrauen hatten als Frauen ihrer eigenen Generation. Sie beneidete sie um die Leichtigkeit, mit der sich diese jungen Frauen in einer Welt bewegten, die zuvor den Männern vorbehalten gewesen war. Sie konnte sich einfach nicht vorstellen, daß sie dieselben Sorgen und Ängste durchlitten wie Frauen ihrer Altersgruppe. Jüngere Frauen vermittelten scheinbar soviel Selbstsicherheit in ihrem Auftreten. Sie waren ehrgeizig und mußten anscheinend keinerlei Gedanken an Kinder verschwenden, bevor sie dreißig waren.

Aber Arlene kämpfte mit der eigenen Unsicherheit, und sie hatte sich ein eigenes Bild zurechtgezimmert, wer Marilyn war und was sie fühlte. Direkt nach dem Studium besuchte Arlene eine weiterführende Universität, um zu graduieren. Ihr Interesse an der Beschäftigungstherapie wurde während ihrer College-Zeit geweckt, als ihre Lieblingstante einen nervösen Zusammenbruch erlitt und von einer Beschäftigungstherapeutin während des Krankenhausaufenthaltes geheilt wurde. Arlene stammte wie Marilyn aus einer Arbeiterfamilie. Ihr Vater war Busfahrer, ihre Mutter arbeitete in einer Fabrik. Sie war die erste in der Familie, die zur Universität ging und einen gehobenen Beruf ergriff. Obwohl sie durchaus wußte, daß sie ihre Arbeit gut verrichtete, hatte sie häufig im Gespräch mit Kolleginnen das verwirrende Gefühl, eine Hochstaplerin zu sein. Bei Arbeitsgesprächen stand sie manchmal neben sich und hörte die eigenen Worte wie ein Echo. Ihr war es fast unmöglich, zu glauben, daß sie eine gutausgebildete und hochqualifizierte Mitarbeiterin war. Ihre Mutter spukte in ihrem Kopf herum, und Arlene konnte das Gefühl nicht loswerden, daß sie ein Fremdkörper in dieser Welt der klugen Mittelschichtsangehörigen war.

Arlene stellte sich vor, daß Marilyn als ältere voller Zuversicht und Lebenserfahrung wäre. Wie die anderen Kolleginnen und Kollegen, so respektierte auch sie Marilyn, weil sie älter war. Arlene ging unausgesprochen davon aus, daß Frauen jener Generation sich nicht mit dieser schrecklichen Entscheidung für oder gegen Mutterschaft herumplagen müßten. Marilyn hatte ihre Kinder gehabt, sie hatte dieses Bedürfnis befriedigt. Und jetzt hatte sie die Freiheit, sich auf ihre Karriere zu konzentrieren. Marilyn war noch keine Dreißig und alleinstehend. Sie mußte nicht voller Verzweiflung auf die biologische Uhr schauen. Sie hatte seit sechsundzwanzig Jahren den gleichen Ehemann, und sie mußte sich nicht mit dieser entsetzlichen Singleszene herumplagen auf der Suche nach einem Mann, den es nicht gab.

Trotz ihres Altersunterschiedes haben Arlene und Marilyn mehr gemein, als sie ahnen. Beide befinden sich auf verschiedenen Speichen ein und desselben Rades – das Rad der sich verändernden gesellschaftlichen Rolle der Frau. Jede Speiche hat ihre eigenen Zwänge, innere und äußere. Es gibt Unterschiede, und es gibt Parallelen. Alter, Klasse und Rasse einer Frau ordnen sie einer bestimmten Speiche auf dem sich drehenden Rad zu, und sie selbst bringt variierende Erwartungen, Restriktionen, Wünsche und Träume ein. Der Kern der Veränderung liegt in dem, was sie sein kann. Aber wer sie ist, wie sie sich selbst betrachtet, wie sie mit den neuen Möglichkeiten in ihrem neuen Leben umgeht – das alles wird beeinflußt von dem Bild der Frau in unserer Gesellschaft.

Die Veränderungen, die Frauen in den letzten 15 Jahren erlebt haben, sind mehr als nur Optik (wer trägt einen Büsten-

halter und wer nicht), mehr als nur gesellschaftliche Arbeitstei-
lung (wer macht den Abwasch). Auch auf der psychologischen
Ebene, ja selbst im Bedeutungszusammenhang des Geschlech-
tes haben sich fundamentale Veränderungen abgespielt.
Geschlecht hat nicht einfach nur mit Geschlechterrollen zu
tun. Die Geschlechterrolle ist ein Geflecht von Funktionen und
Aktivitäten, die jeweils von einer Kultur definiert werden für
die weiblichen und männlichen Angehörigen ebenjener Kultur.
Mädchen oder Jungen wachsen in die Geschlechterrolle hinein.
Die Infragestellung und Veränderung dieser gesellschaftlich
definierten Rollen, die sich im letzten Jahrzehnt vollzogen
haben, wirken sich auf das Selbstbild der Frauen aus. Mädchen
und Frauen wissen weiterhin, daß sie weiblich sind, daß ihr
Geschlecht nicht in Frage gestellt ist. Aber die *Bedeutung* von
Weiblichkeit hat sich verändert.

Weiblichkeit, das ist die fundamentale, innere Zuordnung
der eigenen Person als Angehörige des weiblichen Geschlech-
tes, als Frau. Das Wissen, ein geschlechtliches Wesen zu sein,
geht Hand in Hand mit der Entwicklung eines Selbstbildes, des
Ichs, der Persönlichkeit. Wir lernen, uns als feminin oder
maskulin zu erfahren. Das Geschlecht ist ein primäres Struk-
turmerkmal unserer Persönlichkeit und unserer Psychologie.

Offensichtlich geht es bei Weiblichkeit nicht nur um Kleidung oder Make-up. Aber historisch betrachtet, ist das Heraus-
putzen des Äußeren für Frauen ein wesentlicher Bestandteil
ihres Selbstwertgefühls gewesen. Kleidung und Schmuck dienen als interessantes Paradigma für die Veränderung in der
Bedeutung von Weiblichkeit: An ihnen können wir ablesen,
wie das Verhältnis der Frauen zu diesen externen Signalen der
Weiblichkeit sich in den letzten 15 Jahren verändert hat.

Zu Beginn der Emanzipationsbewegung lehnten wir katego-
risch alles ab, was wir als gesellschaftlich definierte Attribute
von Weiblichkeit interpretierten. Obwohl wir uns »Feministinnen« nannten, assoziierten wir oft mit dem Wort »feminin«
eine gewisse Schwäche, Passivität, Unernsthaftigkeit und

51

Künstlichkeit. Wir trugen männliche Jeans und Arbeitsstiefel. Wir lehnten es ab, uns zu schminken, und rasierten uns nicht mehr die Beine oder Achselhöhlen. Wir legten die Büstenhalter ab. Es war so, als müßten wir die alte Hülle abwerfen, um das alte Frausein loszuwerden. Und wir klammerten uns an neue Normen der Weiblichkeit, wie unsere Mütter es an die alten taten.

Wir hatten diese neue Norm, und die veränderte Uniform war uns wichtig. Sie half uns, Teil eines Ganzen zu sein. Die Zugehörigkeit zur Bewegung und die Frauensolidarität schenkten uns eine lang ersehnte Sicherheit. Die Bewegung selbst symbolisierte eine gute Mutter, die stolz auf ihre Weiblichkeit, ihr Frausein und ihre Stärken sein konnte. Eine gute Mutter, die uns zum Wachsen und Erobern ermutigte. Eine gute Mutter, mit der wir uns identifizieren und an die wir uns binden konnten. Eine gute Mutter, die uns eine liebende, positive und sichere Frauenwelt darbot. Die gegenseitige schwesterliche Wertschätzung und die Liebe zu anderen Frauen nährten unsere eigenen Versuche, uns endlich selbst zu lieben.

Unsere Beziehungen untereinander verhalfen jeder einzelnen Frau zur Selbstakzeptanz, was wiederum zu mehr Selbstsicherheit und Autonomie führte. Frauen begannen, eine innere Festigkeit zu entwickeln. Diese Festigkeit kam durch jene Liebe und Akzeptanz zustande, die ihnen andere Frauen schenkten. Aber je fester und sicherer die Beziehung zu anderen Frauen wurde, um so besser konnte sich jede einzelne als eigenständige Person annehmen. Das verschaffte ihr die Sicherheit, die Selbstverwirklichung noch stärker voranzutreiben, sogar wenn dieses ein Aufbruch aus dem Kokon der Weiblichkeit bedeutete. So wie sich ein Kleinkind durch die Reaktionen der Mutter kennenlernt, um dann eine eigene und eigenständige Persönlichkeit zu entwickeln, so verhielt es sich auch bei den Frauen, die mit der liebevollen Rückenstärkung durch andere Frauen sich zu eigenständigen Persönlichkeiten weiterentwickeln konnten.

Es ist aufschlußreich, daß die Entwicklung zur autonomen Persönlichkeit einherging mit der Loslösung von der Rigidität des früheren Feminismus. Gewiß, es gab unterschwellige Schuldgefühle, als Frauen sich die Beine rasierten oder die Augen schminkten. Bedeutete dies einen Rückfall? War das das Ende der Bewegung? Fielen wir wieder in die Falle der alten Weiblichkeit zurück? Nein, nicht wirklich. Wir folgten Impulsen und Wünschen, die zweierlei bewirkten: Innerhalb der Bewegung entwickelten wir uns zu Individuen, gleichzeitig stellten wir wieder eine gewisse Verbindung zu unseren Müttern her, deren Leben wir zuvor scheinbar so fundamental abgelehnt hatten. Das Zurückweisen dieser Frauengeneration, das für den Anfang des neuen Feminismus so typisch war, kehrte sich um. Wir waren nicht mehr wütend auf sie, sondern verstanden ihre Begrenztheit und erkannten sie als Frauen wie wir selber auch. Im Unterbewußtsein suchten wir die Synthese. Nach einem Jahrzehnt scharfer Kritik und Analyse der alten Weiblichkeit und ihrer schädlichen und unterdrückerischen Aspekte, nach langer Zeit der Ablehnung und der Suche nach neuen Definitionen hatten wir jetzt das Bedürfnis, uns zu konsolidieren. Wir mußten die neuen Ideen und Erkenntnisse durchkauen und verdauen. Unser Bewußtsein sagte uns, daß wir bereits vieles errungen hatten, daß es möglich war, eine starke, selbstliebende und kompetente Frau zu sein, die sich außerdem noch die Beine rasierte oder Make-up trug. Diese traditionellen Merkmale der Weiblichkeit mußten nicht die einzigen Determinanten unserer Frauenidentität sein, so wie sie es vor der Bewegung gewesen waren. Wir forderten das Feminine als Teil unseres Selbst zurück, und das war ein weiterer Schritt in der Evolution unseres Selbstwertgefühls. Wir hatten es nicht mehr nötig, bestimmte Normen völlig abzulehnen und andere wiederum ganz und gar anzunehmen, um uns so stark und sicher zu fühlen, wie wir es für richtig erachteten. Das Abgrenzen von anderen Frauen und von Freundinnen war ein wichtiger Schritt in unserer Entwicklung. Indem wir die Zuneigung anderer Frauen bekamen, konnten wir uns selbst lieben. Die anderen Frauen ernährten und ermutigten uns bei unserem Weg nach vorne, und so konnten wir wachsen. Wir nahmen uns heraus, die Weiblichkeit früherer Generationen sowie unsere eigenen Vorstellungen von Weiblichkeit zu verinnerlichen.

Obwohl das Leben einer Frau heutzutage nach wie vor vielen Restriktionen unterworfen ist, haben wir doch inzwischen mehr Wahlfreiheit und Chancen als je zuvor in der Geschichte. Wir können Entscheidungen treffen über die Karriere, Geschlechterrolle, Sexualität, Mutterschaft, das Frausein als solches. Differenzierungsvermögen war nötig, um diese Veränderungen in Gang zu setzen. Um Frauen nicht mehr als abhängige und für andere stets verfügbare Wesen zu definieren, sondern um sie als selbstverwirklichte, selbstbestimmte und aktive Menschen zu betrachten, die sich ihren Platz in der Welt suchen. Aber Differenzierungsvermögen steht im Widerspruch zur Essenz der weiblichen Psychologie. Es existieren Verbote gegen diese Autonomie, gegen das Bild der Frauen als eigenständige, effektive und wichtige Persönlichkeiten. Und diese Verbote wirken sich dynamisch auf die neue Krise innerhalb der Frauenbeziehungen aus. Müssen wir uns zwischen der einen und der anderen Welt entscheiden? Muß der Preis so hoch sein? Können wir an dieser Welt teilhaben, ohne bei unseren Freundinnen Neid, Konkurrenzgefühle und Wut hervorzurufen? Müssen wir etwa genau jene Menschen verlieren, von denen wir uns so dringend weiterhin Unterstützung erhoffen? Haben die Veränderungen auf gesellschaftlicher Ebene nicht wiedergutzumachende Schäden in den Beziehungen der Frauen untereinander hervorgerufen? Wir glauben es nicht. Aber um diese Kluft zu überbrücken, müssen wir auf Spurensuche gehen: Wir wollen verstehen, was psychologisch hinter Frauenbeziehungen und Frauenfreundschaften steht.

3. Verschmelzung

Es gilt, zwei Phänomene zu verstehen: die unkomplizierte, bequeme und gemütliche Gefühlswelt, die Frauen gemeinsam herstellen können, sowie die komplizierten Mißverständnisse, die diese Welt ins Wanken bringen können. Wie kommt es zustande, daß Frauen in diesem Augenblick die Wichtigkeit der gegenseitigen Solidarität zutiefst schätzen und im nächsten Augenblick nur noch Wut, Neid und Verrat wittern? Was steckt hinter dem verzweifelten Bedürfnis nach der Nähe einer Frau einerseits und dem Zweifel an der Frauensolidarität andererseits? Wie sollen wir die Intimität zwischen besten Freundinnen begreifen, die bei einem Streit in bittere Ablehnung umschlägt?

Wir haben diese Fragen aufgelistet, weil die Gefühle, die Frauen füreinander hegen, im Widerstreit liegen. Zwar überwiegen zweifellos die positiven Emotionen, aber wir müssen begreifen, daß negative Gefühle keineswegs eine Abweichung oder Verneinung darstellen. Vielmehr haben beide Spielarten die gleichen Wurzeln. Die entwicklungsbedingten und gesellschaftlichen Prozesse, denen die einfache Selbstverständlichkeit von Frauenbindungen zugrunde liegt, sind mit den Prozessen *identisch*, die den Kern ihrer Konflikte bilden.

Eine Begegnung der gewöhnlichen Art
In einem Restaurant speist die 30jährige Grafikerin Sheila mit ihrer Freundin Rose, die ebenfalls 30 Jahre alt ist, in einer Werbeagentur arbeitet und einen Ehemann ihr eigen nennt.

Das Gespräch dreht sich vorwiegend darum, daß Rose seit sechs Monaten vergeblich versucht, schwanger zu werden. Sie ist deswegen frustriert. Beim Verlassen des Restaurants betritt eine Frau mit zwei kleinen Kindern den Raum und setzt sich am nächsten Tisch nieder. Rose und Sheila lächeln die Frau an, weil ihre Kinder niedlich sind. Und weil sie sich bewußt sind, daß die Frau mit ihnen alle Hände voll zu tun hat. Ein Stich durchfährt Sheila, sie spürt, daß dies ein schmerzhafter Augenblick für die Freundin gewesen sein muß.

Dieser Stich ist charakteristisch für die enge Bindung von Frauen. Als ob sie in ein und derselben Haut stecken würden. Diese starke Bindungsfähigkeit ist ein typisches Merkmal für die Psychologie von Frauen. Die emotionalen Fühler einer Frau sondieren die klippenreiche Welt der Gefühle. Ihre Empfindsamkeit und Reaktionsfähigkeit nähren sie selbst und ihre Umwelt und schenken allen eine emotionale Grundlage. In diesem Sinne spürte Sheila Roses Schmerz. Sie wußte genau, daß der Anblick kleiner Kinder die Freundin quälte, da mußte Rose gar nichts sagen oder tun. Ja, Sheila *fühlte* den Schmerz selber. Für einen kurzen Augenblick waren beide Frauen eins, Sheilas Herz schlug für Rose. In diesem stillen Augenblick waren sie Teil einer intensiven Kommunikation.

Die drei Frauen (von denen eine völlig unbekannt war) waren sich wenige Augenblicke zuvor ähnlich nahe. Als sie sich anblickten, fand eine komplexe Kommunikation statt. Sie besagte: »Wir wissen, wieviel Freude dir deine zwei süßen Kinder machen, und wir wissen ebenfalls, wieviel Streß es dir bereitet, sie hier ruhig zu halten.« Die Fremde empfand das Verhalten der beiden Frauen am Nachbartisch als verständnisvoll und hilfreich. Sie spürte die Anerkennung und war stolz.

Sheila und Rose sahen die Situation der anderen Frau nicht nur von außen. Für den Bruchteil einer Sekunde konnten sie sich völlig hineinversetzen. Als die beiden das Restaurant verließen, sprach Sheila ihre Freundin darauf an, ob ihr der

Anblick schwergefallen wäre. Arm in Arm fuhren die beiden Freundinnen mit ihrem liebevollen und innigen Gespräch fort.

Wie andere Frauen, so hat auch Sheila emotionale Antennen entwickelt. Von Kindheit an wurde ihr beigebracht, sich der Gefühle und Bedürfnisse anderer Menschen bewußt zu sein. Sie erfuhr sich selbst in bezug auf *andere*. Die Gefühle eines anderen Menschen zu ahnen, ohne daß Worte fallen müssen: Das war eine der ersten Lektionen, die sie als Kind verinnerlichte. Je genauer sie sich auf die Bedürfnisse anderer einstellte, um so entwickelter wurde ihre »weibliche Intuition«. Diese Antennen versetzen Frauen in die Lage, anderen Menschen Entspannung zu schenken. Oder bei Diskussionen wunde Punkte zu vermeiden. Oder zu erröten, wenn ein anderer Mensch sich schämt. Oder einem fremden Menschen ein Kompliment zu machen, das ihm guttut. Oder etwas Witziges zu erzählen, wenn die Stimmung bedrückt ist. Die Antennen der Frauen sind das Öl, das die soziale Maschinerie am Laufen erhält, wenn es notwendig ist. Sie sind das Sicherheitsnetz für Gefühle, die wir häufig nicht unter Kontrolle haben.

Was beinhaltet die Erziehung kleiner Mädchen? Wir sollen sensibel sein, wir sollen geben, wir sollen an andere denken, wir sollen freundlich sein, wir sollen besorgt sein, wir sollen auf andere Rücksicht nehmen, wir sollen uns in andere hineinversetzen. Dies alles lernen wir aber nicht wie das kleine Einmaleins. Diese Lektionen gleichen vielmehr der Grammatik der Sprache der Gefühle. Sie sind wie innere Deklinationen, die unsere Beziehungen zu anderen und zu uns selbst organisieren. Auf dieser Ebene absorbieren wir die emotionalen und psychologischen Gesetze der Frauenkultur, die genauso eindeutig und besonders sind, wie etwa die Cockneysprache ein Code ist für das kulturelle Erbe der Londoner Arbeiterklasse.

Indem wir die oben angeführten Gebote des Frauseins verinnerlichen, lernen wir gleichzeitig, daß es falsch ist, uns von anderen loszulösen, Initiativen zu ergreifen, Autonomie vorzuführen und nach Selbstbestimmung zu streben. Solche Seinsformen sind bei Mädchen unerwünscht. Unabhängigkeit, Abenteuerlust und Interesse an der eigenen Person sind keine Werte, die bei Mädchen stolz entwickelt werden. Mädchen, die zu unabhängigen Frauen heranwachsen, werden von der Außenwelt als Außenseiter betrachtet. Sie gelten als unverfroren, zickig oder traurig. Als egoistische Kastriererinnen. Sie erwecken unsere Sympathie oder Abneigung. Ihre Persönlichkeiten stimmen nicht mit unserem Bild von Weiblichkeit überein. Vielleicht bewundern wir die junge Chirurgin wegen ihres Selbstvertrauens und ihrer Kompetenz. Aber wenn sie völlig in ihrer Arbeit aufgeht und allein lebt, empfinden wir sie, je älter sie wird, als merkwürdig. Sie macht uns unsicher, und wir fühlen uns bedroht und irgendwie verblüfft. Selbst wenn es augenscheinlich ist, daß sie glücklich ist, selbst wenn wir ihre Wahl verteidigen und uns durch ihren Mut inspiriert fühlen, so bleibt da eine bestimmte Unbehaglichkeit. Eine Frau, die unbeirrbar ihren eigenen Weg geht, erschreckt uns immer noch. Selbst wenn wir in einer Zeit leben, in der wir immer neue Ideen entwickeln, was das Frausein betrifft. Nach wie vor ist in unsere Identität einerseits das Vorbild des richtigen Seins eingeätzt, (das heißt psychologisch mit anderen verbunden sein) und andererseits das des falschen Seins (das heißt psychologisch unabhängig zu sein).

Zusammengefaßt könnte man sagen: Mädchen lernen durch ihre Erziehung, daß die Definition über andere ihnen angemessen und daß dies die Grundlage ihres Lebens ist. Die Entwicklung eines Selbst hängt von dieser Art der Beziehung ab. Es ist falsch, eigene Initiativen zu ergreifen und eine eigenständige Identität zu suchen. Es sei denn, diese Suche ist nicht Priorität. Damit meinen wir nicht, daß Mädchen und Frauen am »Falschen« uninteressiert wären (denn das sind sie). Es heißt nicht, daß Mädchen und Frauen keinerlei Sehnsucht nach Autonomie und Eigenständigkeit haben (denn das haben sie). Vielmehr heißt dies, daß ihre Suche nach Selbstbestimmung beladen ist mit Schuldgefühlen und Verwirrung.

Der Wunsch einer Frau, von anderen Frauen geliebt, akzeptiert und unterstützt zu werden, hängt auf komplexe Art mit dem Erbe zusammen, das aus unserer allerersten Frauenbeziehung stammt. Aus der Beziehung zur Mutter. Für uns Menschen in den westlichen Industriegesellschaften ist die Beziehung zur Mutter die wichtigste, die wir je gehabt haben. Es ist die Beziehung, die uns körperlich und emotional das Leben schenkte. Die Beziehung, in der wir zum erstenmal Liebe und Bedürfnisse spürten. Die Beziehung, in der wir zum erstenmal Enttäuschung und Schmerz erfuhren. Die Beziehung, deren emotionales Vermächtnis tief in unserem Inneren eingeätzt ist.

Diese Beziehung ist die Grundlage unserer Entwicklung. Was wir in ihr erleben, setzt den Rahmen für künftige Beziehungen. Hier werden Bedürfnisse, Seinsformen, Liebesfähigkeit, Erwartungen und Hoffnungen definiert. Wir müssen diese ursprüngliche Mutter-Tochter-Beziehung untersuchen, um dieses Erbe zu begreifen. Wir müssen verstehen, welche Bedürfnisse durch diese Beziehung als erlaubt und welche als unerlaubt etikettiert wurden. Wir müssen Struktur und Inhalt dieser Beziehung verstehen. Wir müssen die zugrundeliegende besondere Verschmelzung in dieser Beziehung verstehen, bevor wir die Liebe und Enttäuschung, die Hoffnung und den Schmerz durchschauen, die in den Beziehungen erwachsener Frauen zueinander existieren.

Die Erfahrungen, die wir in jener ersten, wichtigen Beziehung gemacht haben, wirken sich auf zahlreiche Vorgänge in uns aus: unsere Selbstsicherheit, unser Herangehen an neue Bindungen, unsere Träume und unsere Lebenswirklichkeit. Von Anfang an ist jene erste Beziehung fordernd und hemmend zugleich. Eine Beziehung, deren Merkmal die Verschmelzung ist. Eine Bindung, die sowohl Mutter als auch Tochter gleichzeitig als Wonne und Weh erleben.

Die Mutter-Kind-Beziehung ist nicht nur Privatsache, sondern sie trägt auch den Stempel einer gesellschaftlichen Funktion. Sie ist die Beziehung, die uns ernährt und beschützt und gleichzeitig auf die soziale Welt vorbereitet. In diesem Sinne ist die Kindheit keine gemütliche Nische, die von der Gesellschaft losgelöst ist, sondern ein von den sozialen Praktiken einer Kultur geprägtes Entwicklungsstadium. Ja, die Intimität der Mutter-Kind-Beziehung trägt den Stempel der sozialen Gesetze, die die Mutter an uns weitervermitteln muß. Eine Mutter versucht, ihre Tochter auf ein einigermaßen harmonisches Leben als Individuum vorzubereiten, das seinen Platz in der Welt einnimmt.

Wenn wir die Mutter-Tochter-Beziehung in ihrem gesellschaftlichen Kontext betrachten, so wird uns nicht nur allmählich die bittersüße Natur dieser Beziehung erklärlich, sondern auch ihre Auswirkungen auf die Beziehungen zwischen erwachsenen Frauen. Wir vollziehen nach, welche Möglichkeiten unseren Müttern offenstanden und welche nicht. Wir vollziehen nach, was in unserer Beziehung zur Mutter möglich war und was nicht, und so werden wir in die Lage versetzt, jene Kräfte zu begreifen, die in unseren Beziehungen zu anderen Frauen heutzutage aktiv sind.

Nach der Geburt leben wir in einem Kokon mit unserer Mutter. Bevor sich ein Kind als Wesen mit einem eindeutigen Inneren und Äußeren »erkennt«, bevor es sich von den Menschen und Dingen seiner Umwelt zu unterscheiden lernt, lebt es in einer Verschmelzung mit der Mutter. So wie es vor der Geburt innerhalb der körperlichen Hülle der Mutter existierte, so lebt es nach der Geburt innerhalb der seelischen Hülle der Mutter. Die Mutter baut einen psychologischen Raum, den beide bewohnen. Oder, um es präziser auszudrücken: Die Wesensanteile der Mutter, die sich mit dem Kind beschäftigen, sowie das Kind in seiner Ganzheit leben innerhalb dieses psychologischen Rahmens.

Wir neigen dazu, die Kindheit zu romantisieren. Wir stellen uns eine verzückte Mutter mit einem Kind an der Brust vor. Entwicklungspsychologen beschreiben dieses als Phase der »Hingabe« an die Fürsorge für das Kind. Die Mutter versetzt sich in die Erfahrungswelt des Kindes. Sie wird eins, sie verschmilzt mit dem Kind. Sie spürt seine Bedürfnisse. Sie weiß, wenn es gehalten, gefüttert, gewärmt usw. werden will. Mühelos paßt sie sich allem an, was zum Wohlbefinden des Babys beiträgt. Sie behütet und leitet die psychologische Entwicklung des Kindes von der infantilen Abhängigkeit zur Subjektivität (Loslösung-Individualisierung[1]). Als eigenständige Person mit eigenen Bedürfnissen, die nichts mit dem Baby zu tun haben, wird die Mutter nicht betrachtet. Sie wird nur in ihrer Fähigkeit zur perfekten Bedürfnisbefriedigung des Kleinkindes gesehen.

Aber hinter diesem idealisierten Bild steckt etwas viel Komplexeres. Egal, wie gut eine Mutter auf ihr Kind abgestimmt ist, so bleibt sie doch zugleich ein Individuum mit eigenen Bedürfnissen. Und diese Bedürfnisse sind nicht etwas von der Mutter-Tochter-Beziehung Getrenntes, sie fließen in die Beziehung ein, sie prägen sie.

Es gibt also keine einfache, mechanische Verbindung zwischen dem Aufspüren eines kindlichen Bedürfnisses und seiner Befriedigung. Die Reaktionen selbst sind zutiefst durch die Gefühlslage der Mutter geprägt. Ihre Gefühlslage hängt von einem Geflecht ökonomischer, psychologischer und gesellschaftlicher Faktoren ab. Die Bedürfnisse und Impulse des Kindes rufen stets in der Mutter komplizierte Gefühle hervor, was zu einer Inkonsistenz in der Bindung führt. Manchmal geht die Mutter selbstlos auf die Bedürfnisse ihres kleinen Mädchens ein. Sie tröstet, besänftigt, ermutigt, liebt und freut sich ohne Mühe. Die kleine Tochter zeigt offen Glück und Zufriedenheit, sie lächelt die Mutter an, was wiederum die Mutter beglückt. Und diese positive Bestätigung geht hin und her. Es gibt aber auch Zeiten, in denen die Mutter Schwierigkeiten mit den Bedürfnissen der Tochter hat. Das unkomplizierte Eingehen aufeinander ist gestört. Die Mutter, die stets ihre eigenen Bedürfnisse nach emotionaler Versorgung unterdrückt, ist nicht in der Lage, offen und großzügig auf die

Tochter zu reagieren. Statt dessen vermittelt sie ihren Ärger, und sie zieht sich zurück. Die Tochter fühlt sich verwirrt und abgelehnt. Eine Kettenreaktion setzt ein, bei der Frustrationen und Mißverständnisse bei der Tochter Unsicherheit und Ungewißheit schaffen, was ihre Person und ihre Bedürfnisse betrifft.

Widersprüche kennzeichnen also das emotionale Klima, in dem die Verschmelzung von Mutter und Tochter stattfindet. Die Beziehung ist gleichzeitig der tröstliche und sichere Hafen sowie eine bedrohliche Klippe, an der alles zerschellen kann. Die Mutter hat ihr eigenes inneres Drama auszufechten, sie kann nicht umhin, widersprüchlich auf die Bedürfnisse der Tochter einzugehen. Die Tochter hingegen versucht, den unterschiedlichen Reaktionen ihrer Mutter einen gewissen Sinn zu verleihen.

Natürlich ist dieses Phänomen der inkonsistenten Bedürfnisbefriedigung, das viel Verwirrung bei Kindern stiftet, ein Merkmal aller Mutter-Kind-Beziehungen. Aber der spezifische Ausdruck dieser Inkonsistenz hängt stark mit dem Geschlecht des Kindes zusammen sowie der Identifizierung der Mutter mit ihrem Kind und seinen Bedürfnissen. Eine Mutter nimmt einen Sohn und eine Tochter unterschiedlich wahr. Die Mutter kann ihren Sohn als etwas »anderes« sehen, weil sie sich geschlechtlich unterscheiden. Das Geschlecht repräsentiert eine eindeutige Grenze zwischen ihnen. Er ist er, und sie ist sie. Bei einer Tochter hingegen existiert nicht das Geschlecht als Differenzierungsinstrument. Die Mutter beobachtet die einzelnen Phasen im Leben ihrer Tochter und wird fortgesetzt an ihre eigene Kindheit erinnert. Bilder aus der eigenen Kindheit fließen in ihre Interaktionen mit der Tochter ein. Wenn sie ihre Tochter betrachtet, sieht sie in ihr die eigene Kindheit. Mit anderen Worten: *Sie spiegelt sich selbst in ihrer Tochter.*

Welche psychologischen Folgen hat es für Töchter, daß sie das gleiche Geschlecht wie ihre Mutter haben? Mütter haben die größte Schwierigkeit damit, bei ihren Töchtern deren Abhängigkeitsbedürfnisse sowie deren Bedürfnisse nach Aktivität positiv zu sanktionieren. Denn ein wichtiges gesellschaftliches Gebot, das eine Mutter an ihre Tochter weiterreicht, beinhaltet, daß das Selbst der Tochter sich in Beziehung zu anderen entwickelt. Sie soll sich wie die Mutter finden und wahrnehmen in der Reaktion auf andere. Wie ihre Mutter, so soll auch sie ihre eigenen Bedürfnisse nach emotionaler Versorgung zügeln. Wie ihre Mutter soll sie eigene Initiativen dämpfen, wenn diese ihre Verfügbarkeit für andere Menschen beeinträchtigen. Wie ihre Mutter wird sie begreifen, daß die Autonomie nicht die Brücke zur Weiblichkeit ist. Ein weibliches Selbst erreicht sie durch die Identifizierung mit und Anpassung an die Bedürfnisse anderer Menschen.

Diese sozialen Gebote, die von der Mutter auf die Tochter übertragen werden, sind auch in der Mutter-Tochter-Beziehung lebendig. Denn die Mutter bringt ja die eigenen Bedürfnisse in die Beziehung zur Tochter ein.

Das wichtigste Bedürfnis der Mutter ist das Bedürfnis nach Bindung. Frauen erfahren sich durch die Beziehung zu anderen. Mit anderen Worten: Die Subjektivität einer Frau ist beziehungsabhängig. Sie hat sich erfahren in bezug auf andere, im Dienst für andere. Sie hat keinerlei Erfahrung mit einer Identität, die davon losgelöst ist. Wie andere intime Bindungen, so enthält auch ihre Beziehung zum Kind wichtige Bestandteile ihres psychologischen Selbst. Die Mutter bringt diese Selbsterfahrung und ihr eigenes dringliches Bedürfnis nach einer Bindung in die Beziehung zur Tochter ein. So wird die Phase der infantilen Abhängigkeit nicht nur durch die psychologische Verschmelzung der Tochter mit der Mutter, sondern *auch von dem Bedürfnis der Mutter geprägt, mit der Tochter psychologisch zu verschmelzen.* Durch ihre eigenen Bedürfnisse vermittelt die Mutter ihrer Tochter das Gefühl, daß es auch ihr so ergehen wird.

Und so entwickelt auch die Tochter eine unvollständige

63

Selbstwahrnehmung, die durch die Bindung an andere Bestätigung sucht. Ohne diese Bindung kommt es unterschwellig zur Unsicherheit über die eigene Identität.

Von einem sehr frühen Alter an wird das kleine Mädchen ermutigt, die Erfahrung anderer zu berücksichtigen, ihre eigenen Wünsche außer acht zu lassen und zu unterdrücken, eigenes Glück in der Befriedigung der Bedürfnisse anderer Menschen zu finden, ja, sich selbst in der Beziehung zu anderen zu sehen. Die Mutter und alle anderen helfen mit bei der Entwicklung dieser Fähigkeit, die das Mädchen psychologisch an ihre künftige gesellschaftliche Rolle anpaßt. Die Formierung einer eigenen Identität und die Hervorhebung eigener Bedürfnisse werden nicht ermutigt. Das Sorgen um andere wird zur Leitlinie. Der Tochter wird beigebracht, ihre eigenen Gefühle in diesem Licht zu interpretieren. Es wird ihr zum *ureigenen Bedürfnis*, auf andere Menschen einzugehen. Sie entwickelt die Fähigkeit, sich in andere hineinzuversetzen und deren Wünsche und Bedürfnisse zu verinnerlichen.

Aber ihre Sensibilität anderen gegenüber ist nicht einfach das Ergebnis ihrer Erziehung. Sondern sie wird so feinfühlig, weil sie selbst keine Befriedigung erfahren hat, weil ihre Bedürfnisse inzwischen verzerrt sind. Ihre eigene tiefe Sehnsucht nach Liebe und Wärme schafft in ihr die Fähigkeit, die Bedürfnisse anderer zu registrieren und emotional zu befriedigen.

Diese Sensibilität, die so bedeutend ist für die Beziehung von Frau zu Frau, schafft gleichzeitig eine Unsicherheit anderen Gefühlen gegenüber, die gelegentlich auftauchen. Zwar wächst ihre Kompetenz in der Gefühlsarbeit für andere, aber sie ist merkwürdig unerfahren und peinlich berührt, was ihre eigenen Bedürfnisse betrifft. Der Wunsch, »frei« oder »allein« zu sein, verwirrt sie. Scheinbar egoistische Bedürfnisse, die anderen Menschen nicht zugute kommen, stürzen sie in Verwirrung, denn sie wird darin nicht selbstverständlich von der Außenwelt unterstützt. Solche ichbezogenen Bedürfnisse sind Teil ihrer

Persönlichkeit, und sie kämpft innerlich mit ihnen. Mal unterdrückt sie sie, mal will sie sie frei ausleben. Nach einer Weile entwickelt sie regelrecht Angst vor der eigenen Initiative. Der Wunsch nach Autonomie und Eigenständigkeit verunsichert sie. Wegen dieser Ängste kann sie sich nicht von der Verschmelzung mit anderen Menschen freimachen, denn hier weiß sie, was sie hat, hier fühlt sie sich sicher. Es ist wie die Wahl zwischen Pest und Cholera: Sie kann entweder als einsames Individuum existieren, das nichts mit anderen zu tun hat, oder sie sitzt in der Falle erstickender Beziehungen. Sie glaubt nicht daran, daß sie beides haben kann, die Beziehung und die Autonomie. Das hat sie noch nicht erfahren.

Direkt und indirekt hat sie in der wichtigen Beziehung zur Mutter gelernt, daß die Beziehung zu anderen – eine Bedingung fürs Überleben – von zwei Merkmalen abhängt: erstens von der Unterdrückung ihres Selbstwerdungsprozesses und zweitens von der fast zwanghaften Fürsorge für andere. Beziehungen, wie sie sie erfährt, sind schon in sich problematisch. Denn sie beinhalten Unterdrückung und Verschmelzung. Sie gehen Hand in Hand mit dem Verlust einer individuellen Identität.

Wir sehen, daß die Gleichgeschlechtlichkeit von Mutter und Tochter viele Folgen für die Beziehung von Frau zu Frau hat. Das Bedürfnis einer Mutter nach Bindung, kombiniert mit ihrer Identifizierung mit der Tochter, schaft eine Vereinigung zwischen beiden (die Verschmelzung zu einer Einheit). Die Mutter ist nicht von ihrer Tochter getrennt, und wenn ihre Tochter Bedürfnisse äußert, durchlebt die Mutter sie *mit* ihr, als ob sie ihre *eigenen* wären. Auch sie fühlt diese Bedürfnisse.

Und wenn die Tochter zur Frau heranwächst, macht sie eine ähnliche Erfahrung durch. Ihre Mutter ist nicht nur weiterhin in ihr gegenwärtig, sie spürt nicht nur weiterhin die Bedürfnisse der Mutter, sie fühlt sich nicht nur weiterhin für die Aufrechterhaltung der Bindung verantwortlich, die die Mutter so braucht, sondern sie wird unterbewußt dieses Verantwortungsgefühl in ihre künftigen Beziehungen zu Liebhabern und Freunden bzw. Freundinnen einbringen.

Als Erwachsene versucht sie, sich selbst in ihren Beziehungen zu finden. Der einzige Mechanismus, den sie kennt, ist die Verschmelzung und Identifizierung mit anderen. Und so ist sie nachhaltig emotional verformbar, wenn sie diese Beziehungen eingeht. Ihre emotionalen Antennen sind aufgerichtet, um sich auf die Bedürfnisse des anderen einzustimmen. Sie ist bereit, sich anzupassen, sich zu verleugnen, ja, sich zu verlieren (um ihr »Selbst« zu finden!). Aber bei diesem Prozeß geht sie der eigenen Bedürfnisse und Wünsche verlustig. Also sucht sie sie in ihrem Gegenüber. Sie weiß vielleicht nicht mehr eindeutig, was sie will, und so schaut sie den anderen an, um eine Antwort zu finden. Pflichtbewußt kümmert sie sich um die Wünsche des Liebhabers oder Freundes und taxiert sich dementsprechend. Sie kennt keine andere Form der intimen Bindung. Die Beziehungen, die sie als Erwachsene hat, sind aus dem Stoff der Verschmelzung gemacht.

Aber dieser Stoff hält nicht nur zusammen. Er erstickt und fesselt auch. Alles Individuelle ist eine Bedrohung, dem widerstanden werden muß. Zwar dient die Verschmelzung dazu, eine unsichere Identität abzustützen, gleichzeitig schließt sie aber eine losgelöste Weiterentwicklung aus. So beinhaltet eine auf Verschmelzung gründende Existenz, daß Frauen auf restriktive Art aneinander gebunden sind. Ohne es zu wissen, behindern sie einander ernsthaft, wenn sie sich verbünden, um Stärke zu gewinnen.

Aus diesem Stoff sind also die Beziehungen erwachsener Frauen zueinander gemacht. Wie bei einer Patchworkdecke wechseln sich dunkle und helle, gemusterte und einfache, weiche und rauhe Materialien ab, um ein kompliziertes Ganzes zu schaffen. Eine Komposition widersprüchlicher Gefühle, Gebote und Sehnsüchte. Das Muster verrät uns zum einen, wie groß die Fähigkeit von Frauen ist, aufeinander einzugehen und füreinander einzustehen. An einer anderen Stelle können wir die Gebote ablesen, daß Frauen sich auf andere einstellen und ihnen zu Dienste sein sollen. Und eine weitere Stelle enthüllt uns, wie Frauen unbewußt sich selbst und andere hemmen, wie ihre Angst vor der Loslösung dazu führt, daß sie die eigene Autonomie und die ihrer Freundinnen sabotieren. Indirekt und unbewußt halten Frauen ihre Freundinnen zurück. Sie untergraben ihre Bemühungen um Eigenständigkeit und Erfolg. Sie haben Angst, verlassen zu werden, oder sie drohen, die andere zu verlassen. Und so lassen sie sich gegenseitig wissen, daß solche Loslösungsversuche gefährlich sind. Wir untersuchen ein weiteres Feld unseres Patchworks, und wir erkennen, wie Frauen untereinander versuchen, schmerzliche Wunden zu heilen, die sie in ihrer Beziehung zur Mutter davongetragen haben. Wie sie miteinander eine Beziehung herstellen wollen, die ihnen Liebe schenkt und gleichzeitig einen Freiraum läßt. Direkt daneben verrät uns das Muster die Angst, das Zögern, den Unglauben, daß eine solche Beziehung für sie möglich ist. Sie können sich nicht vorstellen, daß sie eigenständige Individuen sein dürfen und dennoch weiterhin Liebe und Anerkennung bekommen. Beim genauen Betrachten der unterschiedlichen Felder kommen wir zu dem Schluß, daß die Psychologie einer Frau dergestalt konstruiert ist, daß *Liebesfähigkeit und Trennungsangst psychisch untrennbar voneinander sind.*

Geben

Roberta ist eine Krankenschwester in einem großen New Yorker Krankenhaus, wo sie in der Verwaltung arbeitet. In einer bestimmten Abteilung ist sie verantwortlich für die Versorgung von postoperativen Patienten. Ärzte, die anderen Schwestern, Krankenhausangestellte und Familienangehörige gehen zu Roberta, weil sie zentrale Anlaufstelle für Informationen und Orgnisation ist. Sie hat einen vollen Arbeitstag. Von morgens bis abends stellen Leute Fragen. Roberta muß Anweisungen geben und Informationen und Botschaften weitervermitteln. Sie muß andauernd Probleme lösen und im allgemeinen die Ordnung aufrechterhalten. Jeder denkt, daß Roberta phantastisch ist. Sie macht ihre Arbeit so gut, daß jeder, der sie trifft, sich ihrer Kompetenz, Fürsorglichkeit und Hingabe bewußt wird. Sogar in der hektischen Atmosphäre der Abteilung. Die Belegschaft weiß, daß ohne Roberta sich alles im Chaos auflösen würde. Roberta lebt alleine. An Werktagen kehrt sie meistens spätabends nach Hause zurück, hängt erschöpft stundenlang vor dem Fernseher herum und ißt sehr viel. Beim Einschlafen macht sie sich Vorwürfe, weil sie nichts Sinnvolles gemacht hat und weil sie zuviel gegessen hat. Wenn sie abends mit einer Freundin ausgeht, hört sie sich gerne deren Neuigkeiten an, und sie reagiert mit Mitgefühl oder guten Ratschlägen. Nur selten spricht sie von sich selbst, aber sie genießt die gemeinsam verbrachten Stunden und fühlt sich durch den Kontakt bestärkt. Sie weiß, daß sie ihrer Freundin etwas gegeben hat.

Roberta weiß nur zu gut, was es heißt, die Gebende in einer Beziehung zu sein. Sie fühlt sich wohl und sicher. Sie bezieht Genugtuung aus der Tatsache, daß sie mit den vielen Aufgaben an der Arbeitsstelle fertig wird und daß sie ihren Freundinnen eine gute »Ratgeberin« ist. Wir alle kennen Roberta, eine Frau, die stets geben kann und anscheinend kaum eigene Bedürfnisse hat. Aber stimmt das überhaupt? Was sind Robertas Bedürfnisse?

In Wirklichkeit überschattet Robertas Fähigkeit zu geben ihre Bedürfnisse. Man darf nicht zu weit nach ihnen suchen, sonst übersieht man sie. Genauso wie ein Schatten einem Objekt anhaftet, so hängen auch Robertas Bedürfnisse mit ihrem Geben zusammen.

Wesentliches Merkmal von Robertas Geben ist ihr eigener emotionaler Hunger. Sie findet es unangenehm, Bedürfnisse zu äußern, und so beeilt sie sich, sie zu befriedigen. Jedesmal, wenn sie mit dem Bedürfnis eines anderen Menschen konfrontiert wird, sei es groß oder klein, wird ihre eigene Bedürftigkeit geweckt. Indem sie anderen gibt, versucht sie unbewußt, die eigenen unbefriedigten Bedürfnisse zu stillen. Ihre Fähigkeit, die Wünsche anderer Menschen zu erahnen, entstammt zum Teil ihrer eigenen Sehnsucht nach solcher Fürsorge. Roberta fühlt sich nicht dazu berechtigt, ihre eigenen Bedürfnisse in eine Beziehung einzubringen. Sie schämt sich ihrer, sie hat Angst, unersättlich zu sein. Sie glaubt nicht, daß sie selbst (und ihre Bedürfnisse) ein Anfang und ein Ende hat. Es ist so, als hätte sie keinerlei Grenzen, keinerlei Wissen von einem definierten Selbst. Das ist der Preis, den man zahlt, wenn man im Schatten anderer Menschen lebt und so gut geben kann. Obwohl sie stets die Gebende ist, zieht sie sich kontinuierlich von einer Freundschaft zurück, in die sie sich selbst einbringen könnte. Sie ist behindert, was ihre Beziehungen anbetrifft.

Wie andere Frauen, so hat auch Roberta von früher Kindheit an gelernt, ihre eigene Bedürftigkeit zu zügeln. Wir haben gesehen, wie die Entwicklung ihres Selbst kanalisiert wurde: in die Fürsorge für andere, in das Widerspiegeln ihres Selbst in anderen. Wenn kleine Mädchen etwas für sich selbst fordern, wird das oft mißbilligt. Die Wünsche eines kleinen Mädchens gelten als egoistisch und abstoßend. Und so versucht das Mädchen, Ansprüche zu verstecken, ob es sich nun um Eigenständigkeit und Aktivität handelt oder um Umarmung und Schutzbedürftigkeit. Ein Teil der Persönlichkeit des kleinen Mädchens wird verschüttet. Wir nennen dies das »kleine Mädchen in jeder Frau«. Nach außen hin scheint die Frau ein Mensch zu sein, der auf eigenen Füßen steht und kompetent ist, auf den andere emotional und körperlich bauen können. Und das stimmt ja auch. Aber im Inneren existiert weiterhin ein Teil, der sich nach ungebrochener Nähe sehnt. Die Frau mag diesen Aspekt nicht, sie fürchtet ihn, weil er sie stets an die eigenen Bedürfnisse erinnert.

Zusammengefaßt: Das psychologische Erbe einer Frau besteht zum Teil darin, daß sie für andere Liebesarbeit verrichten muß und daß ihr psychologische Nahrung für ihre eigene Selbstentwicklung verweigert wird. In sich fühlt sie eine große

Leere. Diese gefühlsmäßige Deprivation setzt sich häufig in zwanghaftes Geben, in Depressionen, in Hoffnungslosigkeit, in chronischen Groll oder Zorn um. In der Gegenwart von anderen Menschen ist sie aufmerksam und reagiert spontan auf ihre Bedürfnisse. Genau diese Fähigkeit erhält sie und schenkt ihr ein positives Selbstwertgefühl. Roberta ist möglicherweise ein extremes Beispiel für eine Frau, der es äußerst schwerfällt, eigene Bedürfnisse zuzugeben. Vielleicht ist sie sich gar nicht der eigenen Wünsche bewußt, es sei denn, diese melden sich krisenhaft. Sie schämt sich ihrer, sie ist es nicht gewohnt, sich direkt mit ihnen auseinanderzusetzen. Der einzige Hinweis ist ihre zwanghafte Beschäftigung mit ihrem Gewicht und mit dem Abnehmen. Hier kann sie zugeben, unglücklich zu sein und ihre Eßgewohnheiten »nicht unter Kontrolle zu haben«. Aber meistens ist es so, daß Roberta mit einer Freundin oder einem Liebhaber zusammensitzt und nur sehr vage über ihre Unzufriedenheit spricht. Sie lebt zu unstimmig mit ihrem Selbst, um zu erkennen, wie sehr sie sich danach sehnt, daß ihre Mitmenschen auf sie eingehen, in ihr Inneres blicken, ihre Bedürfnisse akzeptieren, sie verstehen und ihr Liebe geben. Wenn sie eine Krise hat und sich tatsächlich Menschen um sie herum versammeln, fühlt sie sich oft erniedrigt. Sie haßt es, diese angeblich »unsinnigen« Bedürfnisse zur Schau zu stellen.

Die Nähe zu einer anderen Frau stimuliert das Bedürfnis nach Verschmelzung. In dieser Verschmelzung findet die Betroffene ein »Selbst«. Gleichzeitig will aber das kleine Mädchen in ihr eine andere Art der Beziehung, eine Beziehung, die ihre Bedürfnisse anerkennt und stillt. Käme es nämlich zur Befriedigung dieser Bedürfnisse, könnte das kleine Mädchen endlich reifen. Und die Frau würde sich nicht mehr so verzweifelt und unersättlich fühlen. Ihre Persönlichkeit müßte nicht so gespalten sein, sie wäre in sich stimmig. Die Frau würde mehr Selbstsicherheit entwickeln, ein Selbstbewußtsein, das etwas mit *Haben* zu tun hat und nicht mit Deprivation. Ein Selbstbewußtsein, das auf Anspruch und nicht auf Verweigerung gründet. Ein Selbstbewußtsein, daß Ich-Grenzen hat und nicht zwanghaft über andere definiert ist.

Die Geschichte von Roberta ist keine Ausnahme. Denn sie hängt mit dem Erbe unserer Erziehung zusammen, das in uns beides hervorruft: die Fähigkeit zur Fürsorge und die Angst vor eigenen Bedürfnissen.

Wir wollen untersuchen, was unsere Analyse impliziert. Manchmal ist die Identifizierung einer Frau mit den Bedürfnissen einer anderen passend und angemessen. Manchmal aber auch nicht. Die Ursache solcher Störungen sind die fließenden Ich-Grenzen einer Frau, die Verwirrung stiften. Wo hört sie auf, wo beginnt die andere Person? Das macht es schwierig, sich angemessen auf jemand anderes zu beziehen. Und so geschieht eine besondere Art des Gebens. Indem man sich in den anderen Menschen hineinversetzt, mißinterpretiert man häufig das Erleben des anderen. Tatsächlich nimmt man durch das Identifizieren den Platz des anderen ein. Das ist ein unbewußter Prozeß. Identifizierung wird benutzt auf der Suche nach einem Selbst. Die Fähigkeit von Frauen, sich zu identifizieren, läuft fast automatisch ab. Wenn wir einer Freundin zuhören, die von einem Problem oder Dilemma erzählt, *fühlen* wir mit ihr. Als würde uns dieses angetan. Diese Art der emotionalen Reaktion, diese Fähigkeit, nachzuvollziehen, was ein anderer Mensch fühlt, kurz gesagt unsere Identifizierung ist wie eine zweite Natur. Scheinbar bringt sie uns einander Nähe, gleichzeitig aber stört sie den Kontakt.

Aufgrund der psychologischen Geschichte von Frauen, aufgrund des Wesens der Mutter-Tochter-Verschmelzung, aufgrund der Intensität der Bedürfnisse, die in eine Frauenbeziehung eingebracht werden, neigen sie häufig dazu, sich mit anderen zu identifizieren anstatt die Erfahrung der Freundin als etwas Eigenständiges zu sehen. Mit anderen Worten: Viele Frauen verwechseln häufig Einfühlungsvermögen mit Identifizierung. Einfühlungsvermögen und Identifizierung sind sich zwar ähnlich, aber sie unterscheiden sich auch wesentlich

71

voneinander. Einfühlungsvermögen ist die Fähigkeit, sich in die Lage eines anderen Menschen hineinzudenken, ohne die Gefühle des anderen vollständig zu übernehmen. Einfühlungsvermögen ist in dem Sinn ein bewußter Prozeß, daß man versucht, die Erfahrung des Gegenübers zu begreifen. Man bewahrt eine gewisse Distanz, man befindet sich außerhalb der Situation. Das schließt nicht aus, daß man sich stark auf die andere Person einläßt. Einfühlungsvermögen ist etwas Wesentliches für Freundschaften, für die Erziehung von Kindern, für intime Beziehungen. Es ist aber keineswegs einfach, mit anderen Menschen authentisch umzugehen. Sie als das zu sehen, was *sie* sind, und auf das zu reagieren, was *sie* brauchen, ist ein zentraler Aspekt. Und nicht ihnen etwas überstülpen, was *wir* brauchen oder *wir* uns vorstellen. Einfühlungsvermögen hängt ab von einem Bewußtsein der eigenen Person als einzigartiges, definiertes und autonomes Individuum, das auf andere einzigartige, definierte und autonome Individuen baut.

Wir haben gesehen, daß die Einfachheit, mit der Frauen Beziehungen herstellen, sich in einem emotionalen Spannungsfeld abspielt, das sowohl negative als auch positive Strömungen hat. Ein Stromkabel ist voller Sehnsucht nach Liebe, Verständnis, Anerkennung, Sympathie, Unterstützung und Mitgefühl. Aber da wickelt sich plötzlich ein anderer Draht ein, und wir bekommen einen Stromschlag versetzt. Der negative Draht führt zum Kurzschluß, indem er ein ganzes Geflecht an Störungen in das Feld hineinjagt. Da macht sich ein ganzes Feld von gesellschaftlichen und psychologischen Verboten bemerkbar, durch die Frauen einander daran hindern, sich frei auszudrücken. Der kombinierte Wechselstrom dieser beiden Drähte gibt der Beziehung und den häufig unausgesprochenen und unbewußten Übereinkünften innerhalb der Beziehung Impulse.

Wir werden in den folgenden Kapiteln sehen, wie solche Spannungen und unbewußten Übereinkünfte zwischen Frauen zu Hemmnissen führen. Um wahres Einfühlungsvermögen zu erreichen, um wirkliche Hilfe zu geben und anzunehmen, müssen sich Frauen von den Fesseln der Verschmelzung frei machen und eine Bindung aufbauen, die auf Eigenständigkeit der Betroffenen beruht.

Anmerkung:

1 Jean Baker-Miller versucht, gegen die Pathologisierung weiblicher Erfahrung durch die patriarchalische Psychiatrie anzugehen. Ihrer Argumentation zufolge ist das »männliche« Konzept der Loslösung-Individualisierung nicht brauchbar, um die psychologische Entwicklung von Frauen zu beschreiben, da die Identität von Frauen innerhalb eines Beziehungszusammenhangs formiert wird. Solche »männliche« Konzepte werden auf Situationen bezogen, auf die sie offensichtlich nicht passen. In diesem Sinne hat Jean Baker-Miller zweifellos recht. Denn Frauen erfahren ihre Identität tatsächlich durch Beziehungen. Sie erleben sich selbst im Hin und Her mit anderen. Dies hat aber negative sowie positive Konsequenzen. Und wir wollen uns in diesem Buch mit den eher negativen Konsequenzen befassen, um den Ursachen von Konflikten auf die Spur zu kommen, die sich in Frauenbeziehungen äußern. Vgl. dazu Baker-Miller, J., *The Development of Women's Sense of Self,* in: *Work in Progress,* Series of the Stone Center for Developmental Services & Studies, 1984.

4. Verlassenheit

Rena und Elise sind 28 Jahre alt. Sie arbeiten als Labortechnikerinnen in Edinburgh. Vor drei Jahren lernten sie sich an der Arbeitsstelle kennen und wurden Freundinnen. Noch zu Anfang ihrer Beziehung lebte Rena mit Adam. Als das Paar sich trennte, fühlte sich Rena deprimiert, verlassen und war hoffnungslos. Sie erzählte Elise beim Mittagessen von dem, was sie gerade durchmachte. Von ihrem anhaltenden Zorn gegenüber Adam, ihrer Angst vor dem Alleinsein, ihren Zweifeln, jemals wieder einen Partner zu finden. Auch Elise war alleinstehend, und sie hatte ebenfalls solche Trennungen hinter sich, also war sie in der Lage, voller Mitgefühl auf die Freundin einzugehen. Sie wußte, was in Rena vorging, ihr fiel das Mitleiden leicht. Die beiden Frauen begannen, immer mehr Zeit miteinander zu verbringen. Sie gingen ins Kino, essen, einkaufen, sie entwickelten eine enge Gemeinschaft. Abends riefen sie sich gegenseitig an, um der anderen kundzutun, daß man sich am nächsten Tag bei der Arbeit sehen würde.

Es ist üblich, daß Ehen und sexuelle Bindungen die Art von Beziehung herstellen, die Rena und Elise miteinander entwickelt hatten. Wir wissen und akzeptieren, daß Paare in vielfacher Hinsicht voneinander abhängig sind. Und obwohl wir durchaus wissen, daß enge Freundinnen ebenfalls emotional voneinander abhängen, erkennen wir die Wichtigkeit dieser Bindung nur selten an. Wenn Frauen nicht in einer Zweierbeziehung leben, wenn sie alleinstehend sind oder Alleinerziehende, so wird die Intimität mit einer Freundin möglicherweise

74

zu ihrer wichtigsten emotionalen Beziehung. Es wird geschätzt, daß 60 Prozent der Frauen zwischen Dreißig und Vierzig alleinstehend sind. Wie Rena und Elise, so kommunizieren auch andere alleinstehende Frauen täglich mit ihren Freundinnen, sie gehen miteinander aus, sie planen gemeinsame Ferien. In unserem Kulturkreis wird einer Freundschaft nur allzu häufig eine zweitrangige Stelle zugewiesen, während Ehen und sexuelle Beziehungen als wirklich bedeutsam gelten. Aber dies steht im Widerspruch zur Erfahrung vieler Frauen, für die ihre Freundschaften über lange Perioden hinweg prioritär sind. Wenn dann aber eine der beiden Beteiligten sich auf eine sexuelle oder romantische Beziehung einläßt, fühlt sich die andere häufig aufs schmerzlichste verlassen.

Seit einigen Wochen fühlte sich Rena von einem neuen Kollegen sehr angezogen. Sie und Elise kicherten darüber beim Essen, beide planten raffinierte Strategien, um ein Zusammentreffen zu ermöglichen. Elise fühlte sich zumeist durch solche Gespräche nicht beunruhigt, denn ihre unterschiedlichen Interessen an anderen Menschen war stets Teil ihrer Freundschaft gewesen. Aber als Rena Elise anrief und aufgeregt erzählte, daß »es endlich passiert war«, daß sie John direkt angesprochen hatte, verspürte Elise einen schmerzlichen Stich. Sie hörte sich jedes Detail des Treffens an, sie stellte die richtigen Fragen und teilte die Freude der Freundin. Aber nachdem sie aufgelegt hatte, brach sie in Tränen aus. Sie empfand einen entsetzlichen Verlust, und sie hatte Angst. Sie versuchte, sich zu beruhigen, und nannte ihr eigenes Verhalten albern. Soviel Kummer war doch völlig ohne Sinn. Aber sie konnte diese Gefühle nicht loswerden.

Weil Identität und Wohlgefühl einer Frau so stark von einer Bindung zu anderen abhängen, weil ihre Freundschaft zu einer anderen Frau so viel Verschmelzung beinhaltet, ist diese Freundin fast zum Teil der eigenen Persönlichkeit geworden. Gemeinsam gelebte Aktivitäten, Hoffnungen, Freuden und Schmerzen wandeln das Gefühl innerer Leere um zu einem

Gefühl der Verwurzeltheit und Nähe. Kommt es dann zu einer Veränderung in der Freundschaft, die auf einen Verlust hinausführt, können zwei beunruhigende Umstände gleichzeitig eintreten. Zum einen empfindet sich die Betroffene vielleicht als richtungslos, als schwimmendes Etwas, das einen Teil der eigenen Persönlichkeit verloren hat. Auf der anderen Seite können Verluste oder Veränderungen wie diese bewußt oder unbewußt Wut und Schmerz hervorrufen, die mit der Enttäuschung der Betroffenen über die eigene Mutter zusammenhängen.

Eine Beziehung von Frau zu Frau wiederholt Aspekte der Mutter-Tochter-Beziehung, und sie verspricht ebenfalls, einige jener alten Schmerzen und Konflikte zu heilen. Infolgedessen beobachten wir häufig in den Beziehungen erwachsener Frauen, wie eine oder beide Beteiligten den unbewußten Wunsch verspüren, mit der anderen zu verschmelzen, »bemuttert« und umsorgt zu werden. Jede erhofft unbewußt von der anderen, daß sie das wettmacht, was die Mutter verweigerte. Eine Frau fühlt sich von ihrer Freundin abhängig, sie braucht deren Unterstützung, Ermutigung und Anerkennung. Und weil sie dies alles so dringend braucht, tut es ihr in der Tat weh, wenn die Freundin eine andere enge Beziehung eingeht. Sie durchlebt den wirklichen Verlust (von bestimmten Bereichen der Beziehung) und das Aufkommen von Gefühlen, die etwas mit ihrer Mutter zu tun haben. Mit dem Verlust der Intimität und Nähe zur Mutter, die sie als Kind hatte oder zumindest haben wollte. Der Schmerz, der sich da plötzlich meldet, ist durchaus verwirrend. Denn die Betroffene ist sich vielleicht nicht bewußt, daß sie eine so enge Bindung zu ihrer Freundin braucht.

Die Freundschaft von Rena und Elise veränderte sich in der Tat fundamental. Als Rena anfing, mit John auszugehen, nahm sie die Aufregung der neuen Liebesbeziehung unweigerlich gefangen. Obwohl sich beide Freundinnen weiterhin jeden Tag bei der Arbeit sahen und auch mittags meistens zusammen aßen, stand Rena weniger zur Verfügung. Am Wochenende widmete sie John fast ihre gesamte Freizeit, und obwohl sie sich offensichtlich bemühte, auf Elise einzugehen und sich weiterhin mit ihr zu treffen, änderte sich das Zusammensein weitgehend.

Elise konnte das schmerzhafte Gefühl, verlassen zu werden, nicht überwinden. Die Verlassenheit funktionierte auf zwei Ebenen. Zum einen fehlte ihr tatsächlich die Zeit mit der Freundin. Verabredungen am Wochenende wurden zunehmend schwierig. Häufig versuchte sie verzweifelt, sich mit anderen Freundinnen zu verabreden, aber oft genug saß sie samstags abends alleine vor dem Fernseher. Aber es ging nicht nur um Einsamkeit. Elise fühlte sich deprimiert, hoffnungslos und abgeschnitten. Auch wenn sie mit John und Rena ausging, war sie unglücklich. Sie fühlte sich merkwürdig, bemitleidenswert und nicht dazugehörig. Sie amüsierte sich mit ihnen beim Kino- oder Restaurantbesuch, aber die Sehnsucht nach einer Bindung hörte nicht auf. Weil sie nicht mehr im Mittelpunkt von Renas Leben stand, fühlte sich Elise abgeschnitten. Als hätte sie einen Teil ihres Selbst verloren. Voller Qual wurde sich Elise der emotionalen Abhängigkeit von der Freundin bewußt. Jetzt gab es keinen Menschen mehr, bei dem sie diese Abhängigkeit ausleben durfte.

Es ist üblich, eine Frau zu bemitleiden, die einen Freund, oder einen Mann, der seine Partnerin verliert. Man weiß um die Einsamkeit, die aus einer Trennung resultiert. Aber nur wenige Menschen bemerken die Einsamkeit und Enttäuschung, die einer Frau widerfährt, wenn sich ihre Beziehung zu einer Freundin ändert. Niemand stürzt herbei, um die Arme mit einem leckeren Essen oder einem Unterhaltungsprogramm zu trösten. Wir würden ein solches Verhalten höchstwahrscheinlich sehr merkwürdig finden. Aber Abhängigkeit zwischen Freundinnen ist keine triviale Angelegenheit, sie bedarf der Anerkennung.

Der Verlust einer Freundin durch geographische oder persönliche Umstände ist bedeutend. Er tut weh. Er erschüttert eine Frau zutiefst. Er ist genauso hart wie eine ernsthafte Veränderung innerhalb einer sexuellen Beziehung. Er macht eine Frau eine Zeitlang genauso zerbrechlich. Deswegen müssen wir einem solchen Verlust Aufmerksamkeit schenken. Wir müssen erkennen, daß solche Veränderungen und Verluste einer emotionalen Umstimmung bei der Betroffenen bedürfen. Der erste wichtige Schritt ist das aufmerksame Eingehen auf den realen Verlust der Betroffenen und auf die Umstellung, die sie leisten muß. Ist dies geschehen, wird der Raum frei, um sich mit der komplexen Frage von Identität zu befassen, die zuvor in der freundschaftlichen Verschmelzung untergegangen ist.

Für Elise war es nötig, den Gedanken aufzugeben, daß sie keinen Grund zur Traurigkeit hatte, denn sie war traurig und bekümmert, und das mußte sie sich eingestehen. Hätten Elise und Rena gemeinsam die Bedeutung von Renas Affäre für die Freundschaft anerkannt, wäre Elise weniger allein mit ihrem Kummer gewesen. Zwar hätte sie nach wie vor den Verlust jener besonderen Nähe allein verschmerzen müssen, aber das Gefühl schmerzhafter Leere und abrupten Getrenntseins wäre durch Renas Unterstützung und Verständnis abgemildert worden.

Rena wäre ihrerseits in die Lage versetzt worden, mögliche Schuldgefühle wegen ihrer sexuellen Beziehung anzuerkennen und dann zu überwinden. Es mag seltsam anmuten, daß eine Frau Schuldgefühle bekommt, weil sie »etwas für sich allein beansprucht«, aber bei Rena und bei so vielen anderen Frauen ist dies der Fall. Rena spürte unterbewußt, daß sie die Freundin verlassen hatte. Sie hatte die Verschmelzung aufgebrochen, und das rief große Schuldgefühle hervor. Sie konnte es nicht ertragen, Elises Schmerz zu sehen, weil er ihrer Meinung nach durch ihren Betrug verursacht worden war. Ihre Schuldgefühle beeinträchtigten ihre Fähigkeit (auf einer neuen Ebene), die emotionale Verbindung zu Elise aufrechtzuerhalten und auf ihre Bedürfnisse einzugehen.

Sich nicht schuldig fühlen, sich nicht von der Freundschaft zurückziehen – um diesen Konflikt ging es bei beiden Frauen. Gewiß, das Gleichgewicht zwischen ihnen war gestört, aber das bedeutete nicht, daß sie keine neue Ebene finden würden, durch die Nähe und Solidarität wieder möglich wurden.

Die Grenze zwischen einem echten Gefühl der Verlassenheit und einem eingebildeten ist irrelevant, was die Stärke der ausgelösten Emotionen betrifft. Frauen brauchen einander sehr, und doch existiert ein Tabu, diese Abhängigkeit offen anzuerkennen. Und so kommt es, daß unsere emotionalen Antennen stets in Alarmbereitschaft sind: Verlassenwerden ist in sehr vielen Situationen eine drohende Möglichkeit.

Margaret und Adeline sind Sozialarbeiterinnen und beste Freundinnen. Sie kennen sich schon seit der Schulzeit und haben gemeinsam Ehen, Kinder, Erwachsenenbildung und berufliche Weiterentwicklung durchgemacht. Nachdem Margarets zweites Kind in den Kindergarten gekommen war, entschied sie im Alter von 42, wieder zur Schule zu gehen und eine Ausbildung als Psychotherapeutin zu beginnen. Sie wollte später eine private Praxis eröffnen. Adeline begrüßte diese mutige Initiative ihrer Freundin. Bei jedem Gespräch erkundigte sie sich nach dem Fortgang der Bewerbung, und sie unterstützte Margaret nach Kräften. Aber neben dem großen Interesse machte sich auch Kummer in Adeline bemerkbar. Besorgt fragte sie sich, ob dieser Schritt wohl Margaret von ihr wegnehmen würde. Sie haßte es, sich so unsicher und traurig zu fühlen. Wie selbstsüchtig und verachtenswürdig sie doch war! Immer wieder redete sie sich ein, daß diese Veränderung keine Auswirkung auf die Freundschaft haben würde. Sie erinnerte sich daran, daß sie sich ja freiwillig gegen die Psychotherapie und für die konkrete Praxis entschieden hatte. Nur weil die Freundin jetzt in einem anderen Bereich arbeiten wollte, mußte dies keineswegs bedeuten, daß ihre eigene Arbeit weniger wertvoll wäre. Aber sie war völlig überwältigt von der Wucht ihrer eigenen Gefühle. Margarets Ankündigung hatte in ihr die gleichen Gefühle ausgelöst, die sie zuvor durchlebt hatte, als ihre Tochter zum ersten Mal in den Kindergarten ging. Damals hatte Adeline im Auto gesessen und geweint.

Adelines innere Konflikte sind heutzutage nichts Ungewöhnliches. Der Versuch ihrer besten Freundin, beruflich weiterzukommen, weckte in Adeline die Angst, verlassen zu werden. Aus diesem Kummer können wir ablesen, daß die freundschaftliche Verschmelzung, die zwischen Frauen existiert, zu einer Art Klebstoff für das Selbstbewußtsein von Frauen wird. Mit der Auflösung jener Verschmelzung bricht alles zusammen. Die Betroffene fühlt sich innerlich völlig zerrüttet. Sie stellt ihre eigenen Lebensumstände in Frage. Lassen sie sich sehen? Sind sie angemessen? Zuvor war Adeline völlig zufrieden mit ihrer Arbeit. Jetzt, da Margaret etwas Neues machen wollte, hatte Adeline das Gefühl, mit nichts in den Händen dazustehen.

Margaret hatte ebenfalls mit Schwierigkeiten zu kämpfen. Sie wußte nicht recht, wie sie der Freundin von ihrer Entscheidung erzählen sollte. Sie fürchtete, daß Adeline verstimmt sein würde. Als sie dann schließlich von der Entscheidung berichtete, tat sie dies mit zahlreichen Entschuldigungen. Sie führte sehr viele Gründe an, warum sie nun zu diesem Zeitpunkt in ihrem Leben eine solche Initiative ergriff. Beim Erzählen verharmloste sie diese Sache, die doch für ihre Weiterentwicklung so wichtig war. Indem sie die Entscheidung kleiner und unwichtiger machte, als sie in Wirklichkeit war, hatte sie das Gefühl, die Freundin weniger zu verstimmen oder zu bedrohen.

Margaret und Adeline sind Frauen, die in dem Glauben herangewachsen sind, daß sich andere Frauen durch ihre individuelle Entwicklung bedroht fühlen könnten. Obwohl diese Lektion nie offen gelehrt wird, ist sich doch jede Frau der Möglichkeit bewußt, daß eigene Autonomie bei anderen Frauen ein Gefühl des Verlassen- oder Betrogenwerdens hervorruft. In solchen Situationen tauchen plötzlich Warn- und Verbotsschilder auf. Die Frau ist sich nicht nur bewußt, daß ihre Aktivitäten und Bedürfnisse andere Menschen möglicherweise bekümmern. Sie ist sich auch selbst der Berechtigung solcher Wünsche nicht ganz sicher. Sie glaubt, daß es irgendwie falsch ist, wenn sie Initiativen ergreift.

Es ist also verständlich, daß Frauen enorme Schwierigkeiten damit haben, diese Dinge direkt azusprechen. Als Margaret und Adeline noch beide Sozialarbeiterinnen waren, beruhte ihre Verbindung zum Teil auf einem Gefühl der Gleichheit. Diese Gleichheit erlaubte ihnen, ohne Fragen oder Zweifel auf die Beziehung zu bauen. Durch ihre Verbundenheit gaben sie einander so viel. Die Freundschaft war ihnen unendlich wichtig. Ja, gerade die Liebe und Unterstützung, die Margaret in der Beziehung erfahren hatte, führten dazu, daß sie neue Schritte wagte. Sie traute sich mehr zu, sie nahm sich das Recht, für ihre Karriere etwas Neues zu tun. Aber genau die Liebe und Fürsorge, durch die sich Margaret so gestärkt fühlte, würde einige Umstellungen in der Beziehung zur Folge haben. Margarets berufliche Veränderung beinhaltete einen psychologische Differenzierung: eine Auflösung der Verschmelzung.

Adeline fürchtete, daß die Beziehung möglicherweise bedroht würde, daß Margaret neue Interessen entwickeln würde, die sie nicht mit ihr teilen konnte, daß Margaret vielleicht eine neue Freundin finden würde, mit der sie mehr gemein hätte. Adeline war nicht in der Lage, an der Bindung festzuhalten. Das Aufbrechen der Verschmelzung verunsicherte sie. Sie fühlte sich verlassen. Ihr Kopf sagte ihr, daß die Freundschaft diese Veränderungen überleben würde. Aber unterbewußt fürchtete sie, daß ihre Liebe und Fürsorge der Trennung nicht standhalten würden. Margaret dagegen hatte das Gefühl, etwas Verbotenes zu tun. Sie wurde den Eindruck nicht los, daß sie die Freundin betrog. Wenn sie nicht die enge Verbindung zur Freundin aufrechterhalten würde, so fürchtete sie, ginge ihr Adelines Solidarität verloren. In Kapitel 8 werden wir sehen, wie Adeline und Margaret über diese Ängste miteinander sprachen. Wie sie einander halfen, die lähmende Verschmelzung aufzubrechen und gleichzeitig einander nah zu sein.

Christine und Andrea sind eng miteinander befreundet. Sie sind Mitte Dreißig und alleinstehend. Christine arbeitet in einem Kindergarten, Andrea studiert Jura. Abends rufen sie einander an, um sich alles zu berichten und sich gegenseitig aufzurichten. Am Wochenende verbringen sie fast die ganze Zeit gemeinsam. Sie trösten sich über die Frustrationen in ihrem Leben hinweg, das ist ein wichtiger Aspekt in ihrer Beziehung. Eine von beiden ist immer schlecht gelaunt, traurig oder wütend wegen irgendwelcher Ereignisse an der Arbeitsstelle oder in anderen Beziehungen. Die Freundin durchlebt dann das Auf und Ab der Krise mit und schenkt bedingungslose Solidarität. Es ist so, als ob sich die beiden Freundinnen auf einer Schaukel befänden. Wenn die eine oben ist, so ist die andere ganz unten und umgekehrt.

Christine und Andrea haben eine Art System erarbeitet. Die gemeinsame Empörung bindet sie aneinander. Und obwohl die eine die andere scheinbar unterstützt, dient diese Solidarität gleichzeitig zur Verschleierung: Sie helfen einander, den ungeheuren Schmerz zu verdecken, der sich neben der Empörung bemerkbar macht. Das unhinterfragte und selbstverständliche Verteidigen der Freundin beinhaltet eine unbewußte Identifizierung mit dem Schmerz und der Deprivation. Aber beiden dienen Wut und Empörung als Schutzschild gegen tieferliegende, stärkere Gefühle. Sie üben sich im Schulterschluß und verbünden sich in Empörung. Das schafft eine starke Barrikade gegen jene schmerzlichen Gefühle. Ihre Verschmelzung dient dazu, die eigentliche Verletzlichkeit unter Verschluß zu halten.

Andrea traf im letzten Studienjahr Julie und freundete sich mit ihr an. Julie war eine selbstbewußte und zufriedene Frau, die sich gern amüsierte. Andrea fühlte sich von ihr angezogen. In dieser Phase empfand Andrea selbst eine wachsende Selbstsicherheit und einen Optimismus, die ihr ganz neu waren. Wenn sie mit Julie ausging, amüsierte sie sich von Herzen. Sie gingen ins Theater, ins Kino und in Restaurants und verbrachten stets eine gute Zeit miteinander.

Gleichzeitig fing Andrea an, sich von Christine irritiert zu fühlen. Es ärgerte sie, Christines endlose Klagelieder zu hören. Je mehr sich Andrea der negativen Grundhaltung von Christine bewußt wurde, desto weniger konnte sie sie tolerieren. Sie rückte immer mehr von Christine ab, bis sie schließlich die einst enge Freundschaft völlig geändert hatte.

Christine fühlte sich völlig am Boden zerstört. Sie befand sich auf einer Achterbahn der Gefühle – bei voller Fahrt. Zunächst war sie auf Julie eifersüchtig. Sie ertappte sich dabei, wie sie in Andreas Gegenwart an Julie herummäkelte. Sie war sich bewußt, daß sie um Andreas Zuneigung konkurrierte. Verzweifelt spürte sie, daß ihre Bemühungen um Andreas Aufmerksakeit nicht funktionierten. Was war geschehen? Zuvor hatte Andrea sie doch stets unterstützt, warum ließ sie sie jetzt so im Stich? Wenn sie Andrea erzählte, wie deprimiert sie war, schien die Freundin noch weiter abzurücken. Christine wurde von einem Gefühlschaos aufgefressen: Sie konkurrierte mit Julie, sie war neidisch, weil es Andrea so gut ging, und überdies fühlte sie sich völlig im Stich gelassen.

Der Beziehung von Christine und Andrea lag ebenfalls eine Gleichheit zugrunde. Eine Gleichheit des Mangels. Als sich Andrea aber änderte, als sie sich zugestand, Dinge zu haben und zu wollen, ging die Freundschaft in die Brüche. Die beiden Frauen wußten nicht, wie sie sich gemeinsam verändern sollten, wie sie die Unterschiede tolerieren sollten, die sich zwischen ihnen abzeichneten. Sie wußten nicht, wie sie miteinander über ihre Gefühle sprechen sollten. Andrea meinte, Christine zu betrügen, wenn sie ihr von irgendwelchen Vergnügungen berichtete. Christine fühlte sich von Andrea verlassen. Diese Kommunikationsschwierigkeit vergrößerte die Spannungen noch. Eine Kluft tat sich zwischen ihnen auf. Sie waren nicht mehr gleich, und sie konnten nicht darüber sprechen. Andrea fühlte sich schuldig und eingeschüchtert. Christine war verletzt und wütend. Und wenn Freundinnen Unterschiede nicht besprechen oder akzeptieren können, wird die Situation unerträglich. So blieb ihnen nur übrig, die Verbindung radikal abzubrechen. Hier stand Andrea mit ihren Schuldgefühlen, da stand Christine mit ihrer Einsamkeit.

Die Erfahrungen, die Christine, Andrea, Rena, Elise, Margaret und Adeline miteinander machten, werden häufig in einer Gruppensituation entschieden verschärft. Hier wird es noch schwerer, den Ursachen von Unbehagen und Zwietracht auf die Spur zu kommen.

Laurie ist die 30 Jahre alte Gründerin und Leiterin einer Frauentanzgruppe in Südkalifornien. Als sie ihren Mutterschaftsurlaub nahm, fühlten sich die anderen Mitglieder der Gruppe verlassen. Daß Laurie ein Jahr lang fort sein würde, löste einen schmerzlichen Prozeß aus, mit dem die anderen fertig werden mußten. Anfangs waren sie vor jedem Auftritt schrecklich nervös. Sie fühlten sich nicht imstande, die Vorführung allein auf die Beine zu stellen. Sie waren wütend, weil Laurie sie allein gelassen hatte. Nach einigen Monaten sahen sie allmählich ein, daß sie in der Tat für die Gruppe verantwortlich waren und daß sie mit dieser Verantwortung zurechtkamen. Nun setzte eine vage Verachtung Laurie gegenüber ein. Unsicherheiten wurden nicht thematisiert, und die einst große Bewunderung für Laurie wurde immer schwächer. Allgemein sprach man geringschätzig von den frühen Erfolgen der Gruppe.

Wir können dieses emotionale Drama verstehen, wenn wir uns folgende Erkenntnis noch einmal ins Gedächtnis zurückrufen: Die Beziehung von Frauen untereinander ist mit einer psychologischen Bedeutung befrachtet, die sich jenseits der gemeinsamen professionellen Verantwortlichkeit abspielt. In den folgenden Kapiteln werden wir genauer auf diesen Sachverhalt eingehen, an dieser Stelle wollen wir uns darauf konzentrieren, die Krise in der Tanzgruppe zu beobachten, die durch Gefühle der Verlassenheit hervorgerufen wurde.

Die Gruppe als solche nahm Laurie als eine Art Mutterfigur wahr. Sie sollte auf alle aufpassen, sie niemals verlassen, sie unterstützen und ermutigen, ein positives Arbeitsklima schaffen. Durch das Übertragen solcher Hoffnungen auf die Leiterin verzichteten die Frauen psychologisch auf ihre eigene Fähigkeit, auf sich aufzupassen. Da existierte ein Konflikt zwischen der Anerkennung der eigenen Kompetenz und den stets präsenten Bedürfnissen. Es ging diesen erwachsenen Frauen so, wie es vielen anderen heutzutage geht: Der Wunsch, umsorgt zu werden, ist sehr stark. Gleichzeitig schämten sie sich irgendwie dieses Bedürfnisses, und so sprachen sie niemals offen darüber. Gewiß, es handelte sich hier um unabhängige und talentierte Frauen. Aber trotz äußerer Selbstsicherheit und großer Professionalität rumorten da auch noch in jeder Frau Gefühle der Verletzlichkeit und Unsicherheit.

Dieser Mangel an Selbstvertrauen ist auf Gründe zurückzuführen, die wir bereits zuvor diskutiert haben. Ihre Ausbildung zur Tänzerin hatte diese negativen Gefühle noch verschlimmert, denn es fand keine Auseinandersetzung mit jenen gesellschaftlichen und psychologischen Zwängen statt, denen Frauen beim Kampf um Anerkennung ausgesetzt sind. Gerade im Bereich des Tanzens wurde erwartet, daß man sich ständig steigerte. Nie gewannen sie den Eindruck, endlich gut genug zu sein, eine adäquate Leistung zu bringen. Es gab schon Druck genug, daß professionelle Niveau zu halten. Und so waren die Gruppenmitglieder ständig sehr verletzlich. Man erwartete von ihnen, sich ihrer Sache völlig hinzugeben und ganz perfekt zu sein. Bei diesen Frauen stimmten die professionelle und private Person nicht überein. Nach außen hin traten sie als äußerst zuversichtliche Gruppe auf. Aber privat meinte jede von ihnen, irgendwie eine Versagerin und Hochstaplerin zu sein.

Laurie war so etwas wie ein Gegengift bzw. ein Sicherheitsnetz gewesen, wenn sich diese verwirrenden Gefühle bemerkbar machten. Man hatte sie als eine Mutter betrachtet, die der Gruppe das Leben geschenkt hatte und ihr gutes Funktionieren garantierte. Und so hatte sich Laurie auch bis zu einem gewissen Grade verhalten. Sie hatte genug Selbstvertrauen für alle.

Als Lauries Babyjahr dem Ende zuging, war es der Gruppe eher unbehaglich zumute. Die Frauen hatten Angst davor, ihre Leiterin wieder einzugliedern. Die psychologischen Verschiebungen, die die Gruppe nach ihrem Weggang durchlebt hatte, standen jetzt einer Wiedereingliederung Lauries entgegen. Der neue Zusammenhalt der Gruppe, den Lauries Babyjahr ausgelöst hatte, hing jetzt davon ab, daß sie ausgeschlossen wurde. Laurie hatte durch ihren Weggang Chaos und Kummer verursacht. Die Gruppe war hauptsächlich damit fertig geworden, indem sie sich fest zusammenschloß. Dieses Bündnis war natürlich eine von mehreren Optionen, die ihnen offenstanden. Weil Lauries Weggang die Gruppe in so viel Unruhe und Besorgnis gestürzt hatte, mußten die Frauen eine neue Grundlage der Solidarität und Unterstützung untereinander finden. Die gemeinsame Erfahrung der Verlassenheit schweißte sie zusammen. Diese neue Verschmelzung gab ihnen die Stärke und die psychologische Basis, um weiterzumachen. Lauries Rückkehr bedeutete für sie, sich wieder einer glorifizierten Person auszuliefern, alte Wunden wieder aufzureißen. In diesem Fall ging es nicht nur um die vordergründige Abwesenheit von einem Jahr, sondern um einen viel tiefer gehenden Verlust, der in den Frauen Gefühle der Abhängigkeit und Bedürftigkeit aufwühlte. Die Gruppe hatte eine Lösung gefunden, die ihre Gefühle Laurie gegenüber umging. Die Strategie des »Ausschlusses« Lauries beinhaltete eine klare Verleugnung. Die Frauen schlossen ihre Augen vor der Tatsache, daß sie Laurie als Leiterin und als emotionales Sicherheitsnetz brauchten. Bei Lauries Rückkehr mußten sich die Frauen eine Zeitlang wieder umstellen, und das war keineswegs einfach. Einige Frauen wollten den alten Zustand der Gruppe wiederherstellen, andere verhielten sich sehr feindselig Laurie gegenüber und übten an ihren neuen choreographischen Ideen destruktive Kritik. Zwei sehr unterschiedliche Reaktionen gewiß, aber sie spiegelten die Mechanismen der Verschmelzung wider, die weiterhin in der Gruppe existierten. Einige wollten wieder gemütlich zusammenrücken, weil sie die alte Verschmelzung suchten. Die »Nestflüchter« dagegen drückten durch ihre Fraktionskämpfe aus, wie stark sie unter dem Verlassenwerden gelitten hatten. Lauries Schwangerschaft hatte die Verschmelzung zertört, und dies empfanden einige Frauen unterbewußt als Angriff.

Die Gruppe funktionierte schlecht, Spannungen herrschten. Es war unbedingt nötig, daß alle Beteiligten über die psychologischen Auswirkungen von Lauries Babyjahr und ihrer Wiederkehr miteinander sprachen. Wurden diese Konflikte erst einmal offen angesprochen, so fanden sich dann weniger destruktive Lösungen. Hätte die Gruppe einen Weg gefunden, ihre negativen Gefühle der Unsicherheit *auszusprechen* anstatt auszuleben, so wäre sicherlich eine neue Ebene des Zusammenseins gefunden worden. Die Frauen brauchten keineswegs alle tiefenpsychologischen Bedeutungszusammenhänge und Vorgänge zu begreifen. Es reichte schon ein einfaches Kommunizieren über die neue Situation. Die Betroffenen hätten die hinderlichen Mechanismen der alten Verschmelzung aufgebrochen und auf neuer Ebene eine solidarische Arbeitsatmosphäre wiederhergestellt.

Man kann durchaus Konflikte unter Frauen als simple Folge veränderter Umstände betrachten. In der Tat kann es durchaus zutreffen, daß unsere Freundinnen uns nicht mehr gefallen oder anregen, wenn sich unsere Lebensbedingungen verändern. In der Schule haben wir möglicherweise andere Freundinnen als in der Universität oder im späteren Leben. Je nach Arbeitsstelle oder Familienstand können sich unsere Interessen verschieben, kann sich unser Freundeskreis verändern. Für viele von uns ist es durchaus positiv, wenn wir uns weiterentwickeln und uns von alten Freunden verabschieden. Insbesondere wenn wir in Beziehungen verstrickt waren, die unausgeglichen oder ermüdend waren. Oder nur noch eine Pflichtsache. Zwangsläufig bringen neue Ziele auch neue Freundinnen und Freunde mit sich. Einige alte bleiben auf der Strecke. Und so könnte man ohne weiteres argumentieren, daß die Konflikte von Christine, Andrea, Rena und den anderen durchaus bewältigbar waren. Wir können nicht damit rechnen, so lautet ein möglicher Einwand, daß alles im Leben gleichbleibt. Ja, das wollen wir überhaupt nicht. Und Veränderungen bringen Hürden mit sich, die man gefälligst überwinden muß.

Aber eine solche Sichtweise heißt, die Abhängigkeit, die in Frauenbeziehungen herrscht, zu unterschätzen und die aufwühlenden Erfahrungen dieser Frauen zu verunglimpfen. Natürlich müssen wir uns mit diesen Hürden auseinandersetzen und sie überwinden. Wir sind manchmal gezwungen, Freundinnen aufzugeben. Und wir müssen mit auftretenden Schuldgefühlen dann fertig werden. Schuldgefühle oder Traurigkeit machen sich genau deswegen bemerkbar, weil uns die meisten Freundschaften zu einer bestimmten Phase äußerst wichtig waren. Sie waren nicht trivial, sie waren keine Lückenbüßer. Aber wenn wir erkennen, daß unsere Interessen nicht mehr in Übereinstimmung zu bringen sind und wir uns von einer Freundschaft loslösen müssen, wissen wir häufig nicht wie. Es gibt keine Konvention der Trennung. Von einer Liebesaffäre können wir sagen, daß sie eine Zeitlang wichtig war, aber nicht von Dauer sein konnte. Wir erinnern uns mit Freude an die Affäre zurück und bedauern, daß sie kurzlebig war. Bei Diskussionen über Freundschaften dagegen finden wir solche Worte nicht. Entweder fühlen wir uns schuldig, weil wir eine Freundin verlassen haben, oder wir sind wütend, daß wir verlassen worden sind.

Eine Freundschaft ist kein Gebrauchsgegenstand. Freundinnen sind nicht austauschbar. Auch wenn einige der psychologischen Mechanismen (insbesondere Aspekte der Mutter-Tochter-Beziehung) von einer Beziehung auf die nächste übertragen werden. Jede Freundschaft ist einzigartig. Genauso, wie eine Liebesbeziehung den Liebenden etwas gibt, sie verändert und zu ihrer Entwicklung beiträgt, haben auch Freundschaften unter Frauen große Auswirkungen.

Im Rahmen ihrer Freundschaft wachsen die Frauen, schenken einander Liebe, Förderung, Verständnis und Mitleid und helfen einander, mehr Sicherheit zu bekommen. Paradoxerweise führt dies genau dazu, daß die Frauen stark genug werden, sich aus der freundschaftlichen Verschmelzung zu lösen. Ein stärkeres Selbstbewußtsein wird zum Sprungbrett für individuelles Wachsen. Aber wir haben in unseren Beispielen gesehen, wie die sich verändernden Lebensumstände einer Freundin zur Bedrohung werden.

In Frauenbeziehungen herrscht eine Ethik, die unabhängig von feministischen Einflüssen ist. Diese Ethik besagt, daß Freundinnen entweder zusammenbleiben oder sich gleichzeitig vorwärts bewegen. Mit anderen Worten: Unterschiede sind irgendwie nicht erlaubt. Sie werden als gefährlich und bedrohlich wahrgenommen. Sie wecken Angst vor dem Verlassenwerden.

Kraß ausgedrückt: Wir Frauen müssen so bleiben, wie wir sind. So lautet der unausgesprochene Vertrag zwischen uns. Wenn wir es wagen, einem Bedürfnis nachzugehen, wenn wir uns unterscheiden, wenn wir uns psychologisch loslösen, so brechen wir die Reihen auf und desertieren. Wir zerstören das Altbekannte, die freundschaftliche Verschmelzung.

Wir haben kein Vertrauen, daß eine Bindung auch auf einer neuen Ebene Bestand haben könnte, denn so etwas haben wir noch nicht erfahren. Je stärker wir werden, so fürchten wir, um so mehr laufen wir Gefahr, von den anderen Frauen getrennt zu werden, die wir nach wie vor so dringend brauchen. In Frauenbeziehungen herrscht der Drang, alles beim alten zu belassen und sich gleichzeitig davon frei zu machen. Eine dialektische Spannung. Jede Frau spürt, daß ihre Selbstverwirklichung teuer bezahlt werden muß. Der Preis: Schuldgefühle bei der Betroffenen selbst, Neid und Wut bei ihren Freundinnen.

Manchmal sind unsere Freundschaften wie Gefäße unserer vergangenen Daseinsformen. Sie enthalten das Wissen darüber, was wir einst waren und wer wir heute sind. Sie schenken uns eine psychologische Kontinuität, wie uns eine Familie mit einer chronologischen Kontinuität versieht. Unsere Freundschaften geben uns soviel, und sie helfen uns bei Veränderungen. Darum wollen wir sie nicht einfach über Bord werfen. Weil Veränderungen möglicherweise Konflikte nach sich ziehen. Indem wir uns mit der unterbewußten Angst auseinandersetzen, verlassen zu werden, indem wir einander gestatten, separat und doch innerhalb der Beziehung zu wachsen, schaffen wir die Grundlage für ein neues Vertrauen unter Frauen.

5. Neid

Amy und Lynn sind eng befreundet. Seit vier Jahren lebt Amy mit Mike und hat ein einjähriges Baby. Lynn wurde vor zwei Jahren geschieden und geht seit kurzem wieder mit Männern aus. Trotz ihrer unterschiedlichen Lebensführung engagieren sich beide stark füreinander. Lynn berichtet Amy von den Höhen und Tiefen ihrer neuen Männerbekanntschaften. Amy berichtet Lynn von den Fortschritten, die das Baby täglich macht. Eines Abends besuchen beide ein Fest, Lynn kommt in Begleitung ihres neuen Liebhabers. Amy und Mike sind schon eine Weile da, als Lynn und Ron eintreffen. Amy bemerkt, daß ihre Freundin strahlend, sexy und wirklich glücklich aussieht. Sie beobachtet, wie beide erotisch miteinander tanzen. Amy hat das Gefühl, wegzusacken. Plötzlich kommt sie sich dick vor. Sie haßt ihr Kleid, ihr Haar, ihre ganze Person. Schmerzlich wird ihr bewußt, wie wenig sie und Mike aufeinander eingehen. Sie ist neidisch. Sie wirft sich vor, ausgerechnet bei ihrer besten Freundin solche schrecklichen Gefühle zu entwickkeln.

Am folgenden Sonntag besucht Lynn Amy. Mike, Amy, Lynn und die kleine Rosa sitzen am Eßtisch, der wunderschön gedeckt ist. Rosa ist einfach entzückend, und Mike und Lynn platzen geradezu vor Stolz und Freude. Lynn beobachtet das Trio und fühlt sich vollkommen verzweifelt. Sie ist 35, ohne Kind, ohne stabile Beziehung. Sie kommt sich wie eine Versagerin vor, sie fühlt sich einsam. Sie beneidet ihre beste Freundin, die scheinbar alles im Griff hat.

91

Zu den schmerzlichsten Gefühlen, die Frauen heutzutage durchleben, zählen die Neidgefühle anderer Frauen gegenüber. Beim ersten Mal rufen sie ein Unbehagen hervor. Beim zweiten Mal versucht die Betroffene, sie zu vermeiden oder zu unterdrücken. Beim dritten Mal fühlt sich die Betroffene von diesen unerträglichen Stimmungen verfolgt. Wie wir bereits dargelegt haben, werden wir Frauen uns dieser Gefühle immer stärker bewußt. Und sogar die bestmögliche Freundschaft kann durch sie zerrüttet werden.

Vielleicht empfinden wir nur einer bestimmten Frau gegenüber Neid, vielleicht nur in bestimmten Situationen. Nichtsdestotrotz verursacht Neid bei Frauen Unbehagen und Scham. Lynn und Amy hätten alles gegeben, um *nicht* solchen Gefühlen unterworfen zu sein. Danach vermeinten sie immer, schmutzig und krank zu sein. Diese unerwünschten Gefühle drehten ihnen schier den Magen um, als ob etwas Fremdes die Herrschaft über ihren Körper ergriffen hätte. Neid tut weh. Neid macht mißtrauisch. Neid ruft greuliche Rachegedanken auf den Plan. Neid schafft Distanz.

Weil Frauenfreundschaften keinerlei Ventil für solche Gefühle bereithalten, verschaffen sich die negativen Emotionen häufig eine psychologische Nische: die Selbstkritik. Amy fand sich häßlich, reizlos und asexuell. Lynn nannte sich eine Versagerin. Jede kehrte die unakzeptablen, qualvollen Gefühle gegen sich selbst. Es ist so bedrohlich, der Feundin gegenüber etwas »Schlechtes« zu empfinden, daß wir uns im Selbsthaß sicherer fühlen. Wir sind verletzt oder wütend und fühlen uns abgeschoben. Als Reaktion darauf suchen wir Fehler bei uns selbst. Wir nehmen uns vor, unser Verhalten oder unseren Charakter zu ändern, so daß diese unangenehmen Gefühle nicht wieder auftauchen. Wenn diese quälenden Gefühle uns immer wieder mit Wucht treffen, versuchen wir, sie abzulenken. Wir sind so wenig daran gewöhnt, sie direkt auszuleben, daß wir nervös und ängstlich werden. Lieber verstecken wir sie oder wandeln sie um. Sie fressen uns innerlich auf, und so suchen wir den Fehler bei uns selbst. Neid beschert uns größtes Unbehagen und Leid.

Amy und Lynn stand keine einfache Lösung für diesen Konflikt zur Verfügung. Aber sie hätten die Schmerzen und den Kummer miteinander teilen können, anstatt sich in Selbstbeschimpfungen zu ergehen. Lynn hätte der Freundin zu deren wunderschönem Aussehen gratulieren und artikulieren können, wie ungepflegt sie sich in letzter Zeit gefühlt hatte. So hätte sie es erreicht, sich durch Amys Schönheit erfreut anstatt bedroht zu fühlen. Und dadurch wäre ihr klargeworden, daß auch sie im Grunde schön und strahlend sein wollte.

Als Lynn der Freundin erzählte, wie wenig attraktiv sie sich vorkam, zeigte Amy sofort großes Verständnis und Mitgefühl. Amy schlug vor, gemeinsam einkaufen zu gehen, Lynns Kleiderschränke aufzuräumen, der Kosmetikerin oder der neuen Friseuse einen Besuch abzustatten, die sie gerade entdeckt hatte. Amy legte Verständnis für Lynns negatives Selbstbild an den Tag. Es machte sie nur allzu glücklich, der Freundin zu helfen. Denn sie selbst hatte solche Phasen häufig durchgemacht und wußte, wie schwer es fiel, sie zu überwinden. Bei einem Einkaufsbummel nahm Amy die Gelegenheit war, ihrer Freundin zu sagen, wie reizend die kleine Rosa war und wie traurig sie selbst darüber war, keine eigene Familie zu haben. Meistens machte sie sich ja keine Gedanken über eine Familiengründung, insbesondere wenn sie gerade wieder eine neue Affäre hatte. Aber sie wußte genau, daß Mike nicht der Mann war, mit dem sie ein Kind haben wollte. Lynns Gegenwart ließ sie daran zweifeln, daß sie jemals ein solches Glück erfahren würde. Weil jede offen darüber sprechen konnte, daß die andere etwas hatte, das ihr fehlte, kehrten sich ihre Wünsche nicht in Neid oder noch schlimmer in Selbstekel um. Lynn leugnete nicht, daß Amy unglücklich war. Ihre Reaktion ermöglichte es der Freundin, zu weinen und von der Angst zu berichten, daß sie niemals den richtigen Mann finden würde. Amy fühlte sich besser, weil sie ihre düsteren Gedanken über das Alleinsein nicht verdecken mußte.

Diese Gespräche hoben nicht den Schmerz auf, den die beiden Frauen empfanden. Aber sie verlagerten das Schwergewicht – fort von Neid und Selbsthaß. Die Frauen waren in der Lage, sich mit ihren eigentlichen Problemen und Wünschen zu beschäftigen. Das war möglich, weil die negativen Gefühle nicht mehr nach außen projiziert wurden (auf einen anderen Menschen mit allen dazugehörigen Verzerrungen). Amys sexuelle Ausstrahlung und Lynns schönes Familienleben waren Dinge, die beide haben wollten. Anstatt sich im stillen Kämmerlein Vorwürfe zu machen, halfen sie einander, ihre Wünsche zu akzeptieren und soweit wie möglich zu erfüllen.

Wir haben in Kapitel 3 dargelegt, wie fast alle Frauen unbewußt die Hoffnungen und Restriktionen ihrer eigenen Mutter-Tochter-Beziehung auf ihre augenblicklichen Freundschaften übertragen. Frauen nehmen einander nicht nur als Freundinnen oder Kolleginnen wahr. Sie projizieren aufeinander ein Geflecht von Emotionen, die die einstige Beziehung zur Mutter widerspiegeln. Bei ihrem Streben nach Autonomie wollen sie unterstützt werden, aber sie erwarten Mißbilligung. Sie wollen eine Erlaubnis für ihre Sexualität, aber sie haben Angst vor der Bestrafung. Sie wollen umhegt werden, aber sie fürchten, deswegen verurteilt zu werden. Diese Projektionen und Phantasien zu entwirren ist Teil unseres psychologischen Kampfes. Eine erfolgreiche Frau ist häufig eine Bedrohung für andere. Aber warum nur? Hunderte von Frauen, denen wir bei unserer Arbeit begegnet sind, haben eine eindeutige Antwort formuliert: Sie fühlen sich verlassen und verraten, wenn die Freundin sich weiterentwickelt. Es ist so, als ob die »Erfolgreiche« der Freundin den Rücken zukehrt und sie hinter sich läßt. Gleichzeitig meint die »Erfolgreiche«, alleine auf neuem, kaltem Terrain zu sein. Ihre Leistungen erwecken in ihr Schuldgefühle. Sie wertet ihre Erfolge ab, weil sie die Befürchtung hegt, fahnenflüchtig zu sein. Es ist anscheinend Verrat an der alten Frauenwelt (Freundinnen, Mutter, Schwester). Sie versucht, ihre Leistungen zu verkleinern, zu leugnen und zu verstecken. Wie diese Mechanismen funktionieren, wollen wir am folgenden Beispiel darlegen. Es handelt sich um eine Gruppe von Psychologinnen in Chicago: Hilarys Arbeit über Kindesmißhandlung wurde von den Medien entdeckt und mit besonderer Aufmerksamkeit verfolgt. Das Psychology Research Center, für das Hilary arbeitete, wurde plötzlich bundesweit bekannt. Überall bat man Hilary um Interviews und Vorträge. Hilary wurde zu einer für alle zugänglichen und sichtbaren Autorität. Sie konnte wichtige Aussagen zum Thema Kindesmißhandlung und die Behandlung von Opfern und Tätern machen.

Einerseits war Hilary äußerst zufrieden mit dem positiven Echo, das ihre Arbeit und das Zentrum in der Öffentlichkeit bekamen. Andererseits hatte sie große Schwierigkeiten mit ihrer Rolle als Person der Öffentlichkeit. (»Warum gerade ich?«) Die einst enge Gemeinschaft von sechs Mitarbeiterinnen glich immer mehr einer Fünfergruppe mit einer Außenseiterin. Es gab keine konkreten Beweise, aber Hilary meinte, daß die anderen sie nicht mehr mögen würden, daß sie ihr kritisch gegenüberstünden. Sie fühlte sich allmählich in der Gegenwart ihrer Kolleginnen unbehaglich und spürte, daß sehr viel Spannung in der Luft lag.

In dieser Phase wurde ihr Ehemann zu ihrer Hauptstütze. Er war von ihrer Arbeit beeindruckt. Und ihn machte es froh, daß seiner Frau die Gelegenheit zuteil wurde, einer breiten Öffentlichkeit ihre Gedanken zu vermitteln.

Als Hilary zum ersten Mal gebeten worden war, etwas zum Thema Kindesmißhandlung zu sagen, war sie äußerst nervös gewesen. Ihre Kolleginnen hatten ihr zur Seite gestanden, ihr gute Ratschläge gegeben, ihre Angst genommen. Inzwischen stellte sie eindeutig unter Beweis, daß sie zu solchen Auftritten fähig war. Und jetzt fanden es die anderen schwierig, sich auf sie einzustellen. Als Hilary noch schwach gewesen war, wußten die Kolleginnen, wie sie sie unterstützen konnten. Aber sie wußten nicht recht, wie sie ihr jetzt, da sie stark war, beistehen konnten. In ihren Augen hatte Hilary eine Schwelle überschritten, indem sie Sprecherin geworden war. Offensichtlich schien sie die Gruppe nicht mehr wie zuvor zu brauchen. Hilary hatte unter Beweis gestellt, daß sie fähig, selbstsicher und unabhängig war. Die Kolleginnen beneideten und fürchteten sie wegen dieser Eigenschaften. Niemand wußte, wie man die Verbindung auf dieser Grundlage aufrechterhalten sollte, und so brachen sie sie ab. Indem sie das taten, beraubten sie Hilary ihres sicheren Ankers.

Als Hilary versuchte, das Durcheinander zu entwirren, erkannte sie, daß sie selbst zu ihrer eigenen Isolation und den Problemen im Zentrum beigetragen hatte. Sie war nicht in der Lage gewesen, den anderen zu vermitteln, wie sehr sie die öffentliche Anerkennung freute. Sie konnte ihre gewachsene Selbstsicherheit nicht mit den anderen teilen. Voller Mitgefühl registrierte sie die Nervosität der anderen in Sachen Medien und Öffentlichkeitsarbeit. Aber sie selbst empfand nicht mehr dasselbe. Sie ertappte sich dabei, wie sie ihre neuen Qualitäten versteckte. Sie konnte kaum einer Freundin über all das Gute berichten, das ihr zur Zeit widerfuhr, ohne das leise Gefühl zu bekommen, kräftig anzugeben. Für sie gab es keinen Weg, ihr Glück mit anderen zu teilen, ohne gleichzeitig zu glauben, daß sie bei ihren Zuhörerinnen Neid provozierte.

Hilarys Kolleginnen waren in der Tat wegen verschiedener Dinge verstimmt. Einerseits lehnten sie es ab, daß das Zentrum nur noch mit Hilarys Arbeit zum Thema Kindesmißhandlung gleichgesetzt wurde und andere Forschungsarbeiten nicht mehr registriert wurden. Andererseits hatten die Frauen Angst vor Hilarys wachsender Autorität. Individuell strebten sie auch so etwas an, aber ein solcher Erfolg schien ihnen unerreichbar.

Die Frauen waren nicht in der Lage, sich mit ihren Neidgefühlen gegenüber Hilary auseinanderzusetzen. Und so kehrten sie diese unangenehmen Emotionen in etwas anderes um: in Selbstzweifel und Minderwertigkeitskomplexe bzw. in Aggressionen gegen Hilary. Die Spannungen wuchsen. Vorwürfe gegen Hilary wurden laut: Sie sei konkurrenzbewußt, egoistisch und ausbeuterisch. Die Frauen hatten das Gefühl, ausgedient zu haben, jetzt, da Hilary »es geschafft hatte«.

Dieser Wandel einer einst auf Gegenseitigkeit beruhenden Beziehung weist auf die Schwierigkeiten hin, die alle Zentrumsfrauen mit Hilary hatten. Jeder Frau hätte das gleiche wie Hilary widerfahren können. Wenn sich die Medien für ein anderes Thema interessiert hätten und nicht für Kindesmißhandlung, Hilarys Spezialgebiet. Die Rollen wären anders verteilt gewesen, aber die Konflikte hätten sich höchstwahrscheinlich nicht geändert.

Frauenbeziehungen kreisen zum großen Teil um gegenseitige Unterstützung in harten Zeiten. Wenn es aber einer Frau gutgeht, scheint die Unterstützung durch andere nachzulassen. Sie gewinnt den Eindruck, ausgeschlossen zu werden. Hilary selbst dachte im Traum nicht daran, sich von ihren Kolleginnen zu distanzieren oder ihre intellektuelle und emotionale Gesellschaft zurückzuweisen. Sie brauchte sie nach wie vor. Zwar war sie sich zunehmend der eigenen Professionalität sicher, aber emotional befand sie sich nach wie vor auf dünnem Eis. Kritische oder ablehnende Bemerkungen von ihren Kolleginnen riefen bei Hilary die *eigenen* Probleme wach, die sie mit ihrem Ehrgeiz hatte. Sie fühlte sich schuldig und isoliert.

Die Konflikte, in die Hilary und ihre Kolleginnen verstrickt waren, sind auf eine Kombination von Widersprüchlichkeiten zurückzuführen: Eine Frau hat Ehrgeiz und will gesehen und gehört werden, sie will Teil einer Gruppe sein und trotzdem als Einzelperson wahrgenommen werden, sie will ihre Stärken nicht verstecken müssen, sie ist nicht in der Lage, die Legitimität solcher Wünsche zu ertragen. Als Hilary im Rampenlicht stand, wurden in den anderen Frauen ebenfalls Wünsche nach Anerkennung wach. Wünsche, die sie zuvor nicht für möglich erachtet hatten und ihnen darum unbewußt waren. Sie waren neidisch, weil Hilary scheinbar mit der Herausforderung zurechtkam. Anstatt stolz und positiv auf die Errungenschaften der Kollegin zu reagieren, fühlten sie sich minderwertig, deprimiert und verstimmt. Hilarys Erfolge machten ihnen den eigenen Ehrgeiz bewußt: Sie sehnten sich nach Anerkennung, nach Selbstsicherheit, nach Autonomie. Qualitäten, die weiterhin für Frauen etwas Neues sind. Die psychologischen Barrieren der Frauen blieben intakt. *Weil sie sich selbst zurückhielten, fühlten sie sich tragischerweise dazu gezwungen, eine andere Frau ebenfalls zurückzuhalten.* Hilarys Erfolg in der Öffentlichkeit und im Privatleben symbolisierte eine Differenzierung. Ihr Anderssein wühlte zu viele konfligierende Gefühle auf. Das altbekannte freundschaftliche Bündnis brach zusammen.

Das Gestrüpp verwickelter Gefühle begann, sich zu lichten, als Brenda, eine andere Forscherin, und Hilary ein offenes Gespräch über die Geschehnisse im Zentrum initiierten. Wir werden in Kapitel 8 sehen, wie die Frauen durch direkte und ehrliche Gespräche den toten Punkt überwanden.

Die neidische Frau ist keineswegs das kleinkarierte und zerstörerische Monstrum, für das sie die Betroffene hält. Sie ist eher ein Mensch, der so von eigenen Bedürfnissen und Wünschen zerrissen ist, daß ihm die Fähigkeit eines anderen, auf solche Wünsche einzugehen, zutiefst Angst macht. Die Frau bewundert diese Fähigkeit bei anderen, sie versteht aber nicht, wie diese es schaffen. Sie beneidet an ihnen die Fähigkeit, sich selbst etwas zu geben, das in ihren Augen verboten ist. Sie ist völlig erstaunt, daß eine andere Frau sich selbst verwirklichen kann. Eine Frau, die sich offensichtlich etwas Gutes antut, erfüllt uns mit Hochachtung. Auch wir hätten gerne so etwas, aber wir können uns nicht vorstellen, wie wir dieses erreichen sollen. Vielleicht fühlen wir uns derart bedroht durch den Ehrgeiz einer anderen Frau, daß wir im Unterbewußtsein versuchen, sie zu entmutigen. Mit anderen Worten: Neid ist eine Aussage über das Ausmaß der Anspruchslosigkeit von Frauen. Sie glauben, daß sie kein Anrecht auf Glück oder Erfolg haben. Es geht nicht darum, daß Frauen an sich neidisch sind, sondern der Neid dient dazu, uns zu lähmen. Und dadurch weist er auf einen viel tieferen Konflikt in uns hin: auf unser Problem, etwas haben zu wollen.

So können wir Neid als ein Hinweisschild auf unterdrückte Wünsche interpretieren, als psychologische Schutzvorrichtung gegen das Habenwollen. Wir sollten den Neid nicht als unschwesterliche, unsolidarische Sünde unterdrücken, sondern als eine emotionale Reaktion deuten, der wir unsere Aufmerksamkeit schenken müssen. Psychologische Abwehrmechanismen entwickeln sich, wenn ein Mensch Bedürfnisse beiseite schieben oder verstecken will, die seiner Meinung nach nicht zu befriedigen sind. Oder wenn er Unerträgliches vermeiden will. Der Abwehrmechanismus des Neides erlaubt einem Menschen, Gefühle dorthin zu verlagern, wo sie sich weniger zerstörerisch auswirken. Wenn die betroffene Frau nur das hätte, worum sie die andere beneidet, ginge es ihr besser. So lautet eine gängige Konfliktlösungsstrategie. Paradoxerweise verstärken aber solche Strategien genau das Gefühl der Ohnmacht und hinterlassen in der Betroffenen den Eindruck, nichts tun zu können. Sie nimmt die Sache nicht selbst in die Hand, sie verschafft sich nicht das, was sie will. Sondern sie wartet hilflos und passiv auf die Rettung von außen.

Neid wäre also nichts anderes als die Illustration von Sehnsucht, die bei der Betroffenen selbst unterdrückt und auf andere Menschen übertragen wird. Neid ist kein Zeichen für mangelnde Frauensolidarität, sondern eine psychologische Widerspiegelung heutigen Frauseins. Wenn andere Frauen uns beneiden, so können wir dies als ein Zeichen verstehen, daß sie sich noch nicht aufgegeben haben, daß sie immer noch Wünsche haben. Bei der Erfüllung dieser Wünsche können wir einander helfen. Das ist konstruktiver als die Unterdrückung des Neides, als ob er etwas Giftiges und Zerstörerisches sei. Indem wir an die Wurzeln des Neides gehen, lockern wir die erstickende Verschmelzung in unseren Frauenbeziehungen.

Innerhalb der psychoanalytischen Theorie ist der Neid eine

umstrittene Angelegenheit. Die frühen Arbeiten von Sigmund Freud über den Penisneid kleiner Mädchen sind nur allzu bekannt. Er stellte die These auf, daß Mädchen ihren Neid auf Jungen überwinden müssen, indem sie an seiner Stelle den Wunsch zu reproduzieren setzen. Um richtige Frauen zu werden, müssen sie akzeptieren, daß ihnen etwas fehlt. Wie viele Karikaturen hat es gegeben, in denen ein freudianischer Psychoanalytiker auf eine Patientin einredet und solange insistiert, bis daß sie ihren unzureichenden biologischen/gesellschaftlichen Status akzeptiert. Melanie Klein, eine einflußreiche Theoretikerin der modernen Psychoanalyse, betrachtete den Neid als ganz normales Merkmal menschlicher Entwicklung. Ihr zufolge tritt der Neid zum ersten Mal in der Beziehung des Kleinkindes zu den Brüsten der Mutter oder der Flasche auf. Egal, wie gut die Mutter funktioniert, so Kleins Argumentation, das Baby kann diese wirkliche und symbolische Quelle des Reichtums nicht kontrollieren. Es beneidet die Mutter um ihre Fähigkeiten. Es möchte selbst diese Fähigkeiten in Besitz nehmen und der Mutter den Reichtum, der in der »nährenden Brust« sitzt, wegnehmen. Klein sagt, daß jedes Kind mit Neid und Aggressionen auf die Welt kommt. Diese angeborenen Eigenschaften werden durch die Umwelt abgemildert oder verschärft. Faktoren wie die Fähigkeit der Mutter, die Aggressionen des Babys auszuhalten, sind bedeutend. Wenn die Mutter die negativen, zerstörerischen Gefühle bei ihrem Kind tolerieren kann, überwindet das Baby diese Phase und entwickkelt dann die Fähigkeit, dankbar zu sein.

Die Theorien von Freud und Klein scheinen weit auseinanderzugehen. Bei Freud wird das Symbol der Männlichkeit beneidet, bei Klein die Mutterbrust. Aber die beiden Positionen sind sich doch sehr ähnlich. Klein und Freud glauben, daß Neid ein Urgefühl ist und als solches behandelt werden muß. Neidische Gefühle sind unvermeidbar, sie gehören zu den Seinsmerkmalen eines Menschen.

Unserer Meinung nach müssen die Beobachtungen von

Freud und Klein neu interpretiert werden. Auch wenn der Neid an sich sehr stark sein kann und zerstörerische Impulse auslöst, so kommen wir ihm besser auf die Spur, wenn wir ihn in Verbindung mit frühkindlichen Entwicklungsphasen sehen. Wie wir weiter oben dargelegt haben, ist die Loslösung besonders problematisch für ein Kind wegen der engen Mutterbindung. Wenn das Kind erkennt, daß es nicht in der Mutter lebt, daß die Mutter keine Erweiterung seiner selbst ist, so bekommt es möglicherweise Angst. Auch wenn die Persönlichkeit der Mutter gut auf die des Kindes abgestimmt ist, so sind ihre Handlungen nicht notwendigerweise durch das Kind kontrollierbar. Es gibt immer wieder Augenblicke, in denen das Kind gezwungen ist, die Unabhängigkeit der Mutter anzuerkennen. Das Kind versucht, diese Autonomie zu leugnen, die Mutter zu kontrollieren. Frustrationen und Wutanfälle machen sich bemerkbar, wenn diese Bemühungen fehlschlagen. Penisneid sowie Brustneid können wir interpretieren als den Wunsch des Kindes, das zu besitzen, was die Eltern haben (Unabhängigkeit und Macht). Neid wäre demnach die Frage, ob man selbst ausreichende Vorräte hat: »Ist in mir genug von dem, was du hast?« »Kann ich es wagen, ich selbst zu sein, bin ich sicher genug?«

Konflikte aus Neid passieren andauernd. Auch einfachen Fällen liegen die gleichen Mechanismen zugrunde wie der komplexen Situation von Hilary und ihren Kolleginnen. Wir wollen an zwei gängigen Beispielen illustrieren, wie der Neid Frauen spaltet und was wir dagegen machen können.

Die 28jährige Joyce hat eine neue Stelle als Chefeinkäuferin in der Modeabteilung von Bloomingdales bekommen. Das erzählt sie ihrer besten Freundin Rose, die 29 Jahre alt ist. Rose, die scheinbar keinen Ehrgeiz hat, verspürt einen neidischen Stich. Sie erinnert sich an Gespräche während der Schulzeit, als Joyce gelobte, sich nicht mit dem Zweitbesten zufriedenzugeben. Rose hatte stets die ehrgeizigen Träume der Freundin bewundert. Als sie beide im gleichen Büro gearbeitet

101

hatten, war sie der Unterstützung ihrer Freundin bewußt gewesen. Beide waren gemeinsam befördert worden. Vor zwei Jahren war Joyce Einkäuferin geworden, und sie hatte bereits etliche Beförderungen und Gehaltserhöhungen hinter sich. In Wirklichkeit möchte Rose die Stellung ihrer Freundin gar nicht. Sie wünscht sich nur die Selbstsicherheit, den Status, die Macht und die Anerkennung, die mit einem solchen Job einhergehen. Rose arbeitet im mittleren Management für einen Weinhersteller. Sie würde gerne weiterkommen, aber sie kann sich nicht vorstellen, daß man sie fördern wird. Und sie erwartet das eigentlich auch gar nicht. Sie gesteht sich nicht ein, Ehrgeiz zu haben, aber sie beneidet die Freundin um deren Karriere.

Jane und Monika sind eng befreundet. Sie lernten sich kennen, als sie beide soeben das College beendet hatten und als kleine Angestellte in einem Verlagshaus arbeiteten. Beide waren energische, kluge und liebenswerte Persönlichkeiten. Als sie Anfang Dreißig waren, hatten sie inzwischen Karriere gemacht. Beide waren in verschiedenen Verlagshäusern Cheflektorinnen. Monika wurde zuerst schwanger. Erschöpft, aber überglücklich kehrte sie an ihre Arbeitsstelle zurück, als Jane kurz vor der Geburt stand. Die beiden Frauen hatten vieles gemein: die Arbeit, die Kinder, die Einstellung zum Leben. Als Janes Baby ungefähr zehn Monate alt war, spürte sie wieder ein bißchen von der alten Energie. Das Baby, die Hausarbeit und die Berufstätigkeit ließen ihr nicht sehr viel Zeit für sich selbst. Sie war unzufrieden mit ihrem Aussehen und ihrem Körper. Monika hatte scheinbar ganz nebenbei eine komplette neue Garderobe angeschafft, und sie war schlanker und leistungsfähiger als je zuvor. Jane war neidisch. Wie schaffte es Monika bloß? Als Monika eines Tages eine Verabredung mit ihr platzen ließ, weil sie lieber Sport treiben wollte, war Jane sehr gekränkt. Ihre Reaktion war viel stärker, als sie es selbst für möglich gehalten hätte. Janes Neid löste sich einfach nicht auf. Innerlich platzte sie vor Wut wegen Monikas Selbstsüchtigkeit, und dann hatte sie ein schlechtes Gewissen, weil sie neidisch auf ihre beste Freundin war. Sie erzählte ihrem Mann, wie wütend sie auf Monika war. Da erkannte sie, daß sie selbst »egoistischer« sein wollte, das heißt »für sich selbst dasein«, so wie Monika für sich selbst da war. Sie erkannte, daß sie zu ihrem eigenen Besten sich mehr anstrengen mußte. Mit anderen Worten: Sie benutzte den nagenden Neid als Erinnerung daran, daß sie dringend einige neue Kleidungsstücke wollte. Nach wie vor zieht sie sich relativ schlampig an, weil das Baby ihre Kleidung bekleckert. Sie will nicht ihre neuen Sachen ruinieren. Aber es macht ihr keinen Spaß, beim Ankleiden stets an das Baby zu denken. Jane möchte ausdrucksstarke Kleider anziehen. Indem Jane ihre eigenen Bedürfnisse akzeptiert (und in diesem Fall sind die Bedürfnisse relativ leicht zu befriedigen), kann sie sich über Monikas neue Garderobe freuen, anstatt sie zu beneiden.

Rose in unserem ersten Beispiel ist nicht imstande, sich das zu holen, was sie will. Es fehlt ihr an Selbstsicherheit. Das Umsetzen von Bedürfnissen ist scheinbar außerhalb ihrer Reichweite. Das will nicht bedeuten, daß Rose keinen Ehrgeiz hat. Den hat sie durchaus. Aber dieser Ehrgeiz tut ihr weh. Er scheint so unrealistisch zu sein. Sie verleugnet ihren Ehrgeiz und lenkt ihre psychische Energie um. Sie beneidet die Freundin. Der Neid zwingt sie letztendlich, stillzustehen. Er hindert sie daran, dem eigenen Ehrgeiz auf die Spur zu gehen und sich mit den Problemen auseinanderzusetzen. Der Neid drückt aus, daß sie sich nicht berechtigt fühlt, ihre Karriere voranzutreiben. Aber so muß das nicht sein. Anhand des zweiten Beispiels können wir sehen, wie Jane in dem Augenblick die Ursachen ihrer Verstimmung begreift, als sie ihren Neid als Hinweisschild auf *eigene Wünsche* interpretiert. Wenn wir uns unseres Bedürfnisses bewußt sind, steht es uns frei zu handeln. Wir setzen uns direkt mit den Hindernissen auseinander, seien sie nun praktische Probleme wie das Herumkleckern von Janes Baby oder seien sie tiefer liegende Konflikte. Wir können und müssen die inneren Stimmen hören, die die Befriedigung unserer Wünsche zu sabotieren drohen.

103

Es gibt keine einfachen Lösungen. Wir haben zuvor gesehen, daß Frauen die Befriedigung eigener Bedürfnisse mit dem Reagieren auf die Bedürfnisse anderer Menschen gleichsetzen. Auch wenn uns dieser Zustand nicht sonderlich erfreulich dünkt, wir sind im großen und ganzen zu dieser Erwartungshaltung erzogen. Viele Frauen haben sich dieser Rolle angepaßt, sie blühen auf, wenn sie gebraucht werden. Bei unserer Suche nach Identität und Selbstbestimmung spüren wir die Mängel unserer Erziehung zur Selbstlosigkeit auf. Wir werden uns der eigenen Bedürfnisse immer stärker bewußt, unserer Lust auf Aktivität, Anerkennung, Unterstützung usw. Aber wir fühlen uns noch nicht psychologisch wohl, wenn wir unsere eigenen Bedürfnisse in den Vordergrund stellen. Wir glauben von ganzem Herzen an die Frauenrechte oder Menschenrechte. Wir glauben, daß wir unsere Träume verwirklichen sollten, egal, wie diese aussehen. Aber Kopf und Bauch gehen nicht immer reibungslos zusammen. Das bloße Glauben an das Selbstbestimmungsrecht der Frauen macht die Sache nicht legitim. Manch eine Frau hat entdecken müssen, daß sie ihren eigenen Erfolg sabotiert. Dies geschieht nicht bewußt und erst recht nicht absichtsvoll. Aber wir müssen fähig sein, auf das unangenehme Phänomen von Frauen, die sich im Beruf und im Privatleben ein Bein stellen, einzugehen.

Es wird schwer sein, sich mit diesem Phänomen auseinanderzusetzen. Denn oberflächlich gesehen, sieht es so aus, als würden wir dem Opfer Vorwürfe machen. Darum geht es uns aber nicht. Wir müssen zum Beispiel eine angemessene Erklärung dafür finden, daß eine junge, vielversprechende Frau bei der medizinischen Abschlußprüfung ein schlechtes Resultat erzielt. Die Erklärung, daß »sie durchfallen wollte«, reicht nicht. Vielmehr liegt hier eine Angst vor dem Erfolg vor. Sandra möchte medizinische Forschung betreiben. Sandras Mutter gab die eigene wissenschaftliche Karriere auf, als sie heiratete. Sandra ist fest entschlossen, daß ihr nicht dasselbe passieren wird.

Während ihres gesamten Studiums hatte sie hart gearbeitet. Als sie ihr Promotionsthema vorstellte, erlebte sie großen Widerstand. Die Leute gingen immer davon aus, daß sie eine einfache Technikerin war. Oder sie machten sich über ihren Ehrgeiz lustig, indem sie sie Madame Curie nannten. Niemand nahm ihre Gegenwart neutral hin. Ihre männlichen Kollegen wurden unterstützt, sie durften auch Fehler machen, sie wurden akzeptiert. Obwohl Sandra nie so positiv behandelt wurde, kam sie mit der Diskriminierung, den Witzen und der gesellschaftlichen Ächtung einigermaßen zurecht. Einer ihrer Professoren war sogar recht solidarisch und deutete öfter an, daß er an sie glaubte. Warum also »gibt sie jetzt auf«?

Anscheinend bricht sie just im Augenblick des Erfolges zusammen, weil – wie wir in der Therapie entdecken – der Erfolg ihr das Gefühl gibt, ihr Ziel erreicht zu haben. Und dazu meint sie nicht berechtigt zu sein. Der Erfolg ist unwirklich, sie kommt sich wie eine Hochstaplerin vor. Das alles ist ihr so fremd, daß sie sich in gewisser Hinsicht nicht mehr »kennt«. Der Kampf um den Erfolg ist ihr angenehmer. Sie verdient es nicht, ihr Ziel zu erreichen. Sie kann nur ihren Wünschen hinterherjagen, wenn sich ihr Hindernisse in den Weg stellen. Ihre inneren Konflikte finden ein perfektes Echo im Verhalten ihrer Umwelt. Sie ist über deren Feindseligkeit erhaben, ja, das spornt sie nur an. Aber der Doktortitel würde das Ende dieser äußeren Opposition bedeuten. Und dann müßte sie sich direkt mit ihren eigenen Konflikten auseinandersetzen und die *inneren* Tabus in Sachen Ehrgeiz und Selbstvertrauen ausleben.

In der Therapie mußten wir ihr helfen, die eigenen Bedürfnisse einzugestehen und die verinnerlichten Tabus aufzuarbeiten. Für sie bedeutete das Ja zum Erfolg eine psychologische Loslösung, und das verunsicherte sie immens. Obwohl sie fest entschlossen war, nicht so zu leben wie ihre Mutter, verspürte sie eine gewisse Schuld, als sie die Schwelle zur wissenschaftlichen Karriere überschritt. Sie wußte genau, daß sie das wollte. Aber es blieb ein Gefühl der Unsicherheit zurück. Sie befand sich auf unerforschtem und unbekanntem Gelände. Sie war psychologisch nicht daran gewohnt, daß sie das haben durfte, was sie wollte. Es handelt sich um eine enorme psychologische Verschiebung, wenn ein Mensch die Position des Nichtberechtigtseins und der Frustration verläßt, um authentisch für sich Erfolg zu beanspruchen. Das Bewußtsein verändert sich. In diesem Prozeß können durchaus verwirrende Gefühle des Persönlichkeitsverlustes auftauchen.

Für einige Frauen sind die dem Neid zugrunde liegenden Bedürfnisse schier unerträglich. Sally beneidete Joy um deren glückliche Ehe. Sally war von ihrem Ehemann ganz plötzlich verlassen worden. Und so hatte sie das Vertrauen in die Männer verloren. Dauernd beschwor sie ihre Freundin Joy, sich nicht so stark auf den Ehemann zu verlassen. Jedesmal, wenn Joy ihr von einem Ehestreit oder einer Enttäuschung berichtete (egal, wie klein oder normal der Vorfall war), ergriff Sally sofort die Gelegenheit zu einer längeren Predigt. Sie erinnerte die Freundin daran, daß man von Männern nicht mehr erwarten dürfe, daß Männer eben so mies seien. Sally trat wie eine Unglücksbotin auf, so konnte sie ihrem Neid auf Joy Ausdruck verschaffen. Sie wollte Joys idyllisches Bild erschüttern, denn es tat ihr sehr weh, Joys Glück mitzuerleben. Natürlich steckte etwas anderes hinter ihrem Neid: das Bedürfnis nach einer liebe- und vertrauensvollen Beziehung. Ihr fehlte die Nähe, die sie einst mit ihrem Mann erlebt hatte. Sie hatte Angst, keinen anderen Gefährten zu finden, insbesondere da sie ein Kind hatte. Von Zeit zu Zeit platzte sie vor Wut wegen ihrer verfahrenen Lage, sie fühlte sich frustriert und einsam. Der Zusammenbruch ihrer Ehe bestätigte in ihren Augen nur die Vergeblichkeit jeglichen Bemühens – des Versuches, mit einem Mann eine enge Beziehung zu erleben. Ihr Drang, Joys Glück mies zu machen oder zu zerstören war der Versuch, eben dieses Glück zu lädieren und somit die eigenen Bedürfnisse zu unterdrücken.

Neid wäre demzufolge ein Fingerzeig auf andere Gefühle.

Sallys Neid war ein Abwehrmechanismus. Ein Bollwerk gegen Gefühle, mit denen sie noch *schwieriger* fertig wurde. Sally muß ihren Neid als Schutzschild zu begreifen lernen, der jetzt beiseite gelegt werden kann, damit sie sich mit ihren wirklichen persönlichen Problemen auseinandersetzt. Es geht nicht einfach darum, daß Sally mit ihrem Neid als solchem fertig werden muß, obwohl auch dieses selbstverständlich eine wichtige Aufgabe für sie ist. Darüber hinaus muß sie sich aber mit ihrem Kummer und ihrer Sehnsucht nach einer intimen Beziehung auseinandersetzen.

Eines Tages wurde Joy richtig ärgerlich, weil Sally wieder einmal Düsteres über Joys Ehe prophezeite. Joys scharfer Verweis öffnete Sally die Augen. Sie erkannte, daß ihre destruktive Art, mit Joys Glück umzugehen, nicht das Erwünschte erreichte. Ihr Kummer ging nicht weg, ihre Sehnsucht ging nicht weg, das Gefühl, zu kurz gekommen zu sein, ging nicht weg. Die Erleichterung, die Sally bei solchen Gelegenheiten verspürte, hielt nicht lange vor. Unglaube und Unsicherheit darüber, daß auch sie Glück und Zufriedenheit finden würde, führten bei Sally dazu, das Glück der Freundinnen zu negieren. Als ob sie ihren Kummer nur dann ertragen könnte, wenn alle anderen auch nichts vorzuweisen hätten.

Das ist eine ganz und gar alltägliche Erscheinung. Frauen verbieten sich eigene Bedürfnisse so stark, daß es ihnen schwerfällt, sich aufrichtig und selbstlos mit einer Freundin zu freuen. Joys Verstimmung über Sally trug dazu bei, einen ungesunden Mechanismus aufzubrechen. Für Sally war dies die Gelegenheit, über ihre eigene Gemeinheit nachzudenken. Je mehr Sally den eigenen Kummer annehmen und ausleben konnte, um so weniger destruktiv wurden ihre Gefühle. Sie wußte immer genauer, was sie sollte und ersehnte. Und so quälend diese Bedürfnisse auch waren, so höhlten sie doch nicht die Freundschaft zu Joy aus.

Etwas Ähnliches und sehr typisches widerfuhr Linda und Joan. Als Linda mit 38 schwanger wurde, versuchte ihre 40jährige Freundin Joan, die selbst recht ambivalent mit Kinderwünschen umging, sich um Lindas willen zu freuen. Aber Joans persönliche Probleme machten ihr einen Strich durch die Rechnung. Obwohl die Gespräche der beiden Frauen sich weiterhin um das gemeinsame Interesse an Filmen drehten, ertappte sich Joan dabei, wie sie jegliche Erwähnung von Babys und Lindas Schwangerschaft fürchtete. In solchen Augenblicken wurde sie so neidisch, daß sie Mühe hatte, die Fassung zu wahren. Wenn sie hörte, wie die Geburtsvorbereitungen verliefen, wie die Brüste der Feundin weh taten, wieviel Linda aß, wie Mark und Linda noch einmal »romantisch« miteinander in Urlaub fahren wollten, so mußte Joan sich fast übergeben. Sie war im wahrsten Sinne des Wortes krank vor Neid und konnte sich kaum auf das Gespräch konzentrieren.

Was Joan verwirrte: Sie war sich nicht eines eigenen Kinderwunsches bewußt. Eigentlich fühlte sie genau das Gegenteil. Sie meinte, eher auf ein Baby verzichten zu wollen. Und das machte sie unsicher. Sie lebte schon seit etlichen Jahren in einer stabilen Beziehung, und wenn sie und ihr Lebensgefährte über mögliche Kinder sprachen, erkannte sie durchaus, daß bei ihr der Wunsch nach Kindern nicht allzu stark ausgeprägt war. Sie mochte ihre Arbeit als Fernsehredakteurin sehr. Ihre Stelle beinhaltete sehr viele Reisen und interessante Herausforderungen. Sie und Jonathan genossen die Freiheit und die Flexibilität, und sie waren meistens recht zufrieden mit ihrer kinderlosen Gemeinschaft, auch wenn sich von Zeit zu Zeit eine existentielle Angst meldete, daß sie etwas verpassen würden. Was die Situation für Joan so schwierig machte, war die Tatsache, daß sie tief in ihrem Inneren nicht von der Rechtmäßigkeit, kein Kind haben zu wollen, überzeugt war. Und daß sie gleichzeitig Angst davor hatte, ein Kind zu bekommen. Sie glaubte nicht daran, eine gute Mutter zu sein, und sie konnte sich nicht vorstellen, alles wegen eines Babys aufzugeben. Sie schämte sich dieser Gefühle und haßte es, wenn sie davon träumte. Manchmal wachte sie mitten in der Nacht auf, voller Panik, weil sie 40 war und noch kein Kind hatte. Aber ihr Bewußtsein sagte ihr, daß ein Kind ihre Probleme nicht lösen könnte.

Joan gehört einer Frauengeneration an, die zum ersten Mal recht frei über Kinderwünsche entscheiden konnte. Die Empfängnisverhütung brachte den Frauen unglaubliche Freiheit und verhalf ihnen zu größeren Optionen im Leben. Aber gleichzeitig wuchs Joan wie ihre Altersgenossinnen auch heran in dem Glauben, daß sie eines Tages Kinder haben würde und sollte. Die Möglichkeit, kinderlos zu bleiben, ist relativ neu und wurde niemals wertfrei diskutiert. Infolgedessen verspürt Joan eine gewisse Unbehaglichkeit. Diese Unbehaglichkeit ist groß genug, um sie von einer Entscheidung abzuhalten. Sie kann nicht freimütig die Kinderlosigkeit bejahen, und sie verspürt auch keine mütterliche Regung.

Im Laufe von Lindas Schwangerschaft empfand Joan die eigenen Reaktionen als immer unehrlicher. Schließlich war die Geburt vorüber, und Joan freute sich und war erleichtert, weil alles gutgegangen war bei der Freundin. Dennoch ging es ihr körperlich schlecht, als sie Linda zum ersten Mal besuchte. Sie hatte Angst, das Baby aufzuheben. Was würde geschehen, wenn sie es fallenließe oder wenn es anfangen würde zu weinen? Wenn sie und Jonathan auf das Kind aufpaßten, fühlte sich Joan elend. Jonathan deutete an, daß sie vielleicht selbst ein Baby haben wollte und daß das Paar einen Versuch starten sollte. Diese Idee erschreckte Joan zutiefst, sie wurde regelrecht wütend auf Jonathan, wenn er davon sprach. Als ihr Linda von den Freuden der Mutterschaft vorschwärmte und ihr empfahl, es selbst einmal zu versuchen, brach Joan zusammen und weinte. Heraus kamen Trauer und Kummer darüber, daß sie nicht eine Mutter sein wollte und konnte. Sie weinte sich bei Linda aus und konnte endlich der Freundin erzählen, wie sehr sie sie um ihre Fähigkeit beneidet hatte zu wissen, was sie wollte. Sie hätte gerne Lindas aufrichtigen Wunsch nach Kindern geteilt. Oder sie wäre zumindest gerne stark genug gewesen, nein zu einem Kind zu sagen. Sie wünschte sich so sehr

Eindeutigkeit. Das Thema Kinderkriegen tat weh, aber Joans Leid wurde durch ihre Entscheidungsfähigkeit noch verstärkt. Jahrelang hatte sie diese Entscheidung verschoben, mit der Schwangerschaft der besten Freundin hatte sich dies geändert. Sie verfing sich in ein emotionales Chaos von Neid, Scham und Angst. Durch das Gespräch mit Linda löste sich zumindest der Neid auf. Sie erkannte, daß sie sich direkt mit diesem Thema auseinandersetzen mußte, ihr Neid repräsentierte ihre Sehnsucht nach einer eindeutigen Lösung des Konfliktes.

* * *

Diese Beispiele tragen möglicherweise zu einem besseren Verständnis des Phänomens Neid unter Frauen bei. Sie untermauern unsere Vermutung, daß Neid ein Hinweis auf Bedürfnisse ist. Unangenehme Gefühle gewiß. Aber in diesem Lichte können sie als Rebellion und Widerstand interpretiert werden, als verzerrte Versuche, Wünsche auszudrücken, als psychologische Reflexe auf eine konkurrenzbewußte und spalterische Gesellschaft, die eine Theorie der emotionalen Knappheit uns auferlegt. Will sagen: Es ist nur genug für eine da, die andere muß leer ausgehen.

Wenn wir Frauen etwas anstreben, fühlen wir uns oft schuldig und versuchen uns zu bestrafen. Die Rechnung, die wir unterbewußt aufstellen, lautet: Wenn eine Frau Erfüllung findet, in der Karriere Erfolg hat oder eine beglückende Liebesbeziehung erlebt, so ist dies einem Betrug einer anderen Frau (der Mutter) gleichzusetzen. Eine weitverbreitete Haltung. Wir reden uns ein oder projizieren, daß eine andere Frau unsere Handlung mißbilligt. Und so behindern wir uns gegenseitig. Wir fühlen uns bedroht, wenn eine Frau sich ändert, wenn sie sich vom Bild der Weiblichkeit frei macht, mit dem wir groß geworden sind. Wir erschrecken, wenn sich eine Frau nicht wie ein Opfer verhält. Wir sind gleichzeitig angeregt und abgeschreckt durch die Gegenwart einer Frau, die innere Stärke ausstrahlt, die sich weigert zu jammern, die bestimmte Schwierigkeiten mit dem weiblichen Sozialisationsprozeß anscheinend überwunden hat. Freundschaften zwischen Frauen stehen unter einem enormen Druck. Wir müssen mit einer Vielzahl von Schwierigkeiten herumjonglieren. Auf der einen Seite machen Frauen große Schritte vorwärts in Sachen Beruf und Arbeitsleben. Auf der anderen Seite haben wir gesehen, daß diese Errungenschaften ein emotionales Auf und Ab produzieren. Neidgefühle zwischen Frauen nehmen immer mehr zu, wir alle kennen sie. Wenn solche Konflikte in Gruppen, in Organisationen oder zwischen Freundinnen auftauchen, werden wir herausgefordert. Es geht darum, solidarisch miteinander umzugehen, sich nicht von den Neid- oder Schuldgefühlen überwältigen zu lassen, sondern uns direkt mit Wünschen auseinanderzusetzen, die zuvor nur Phantasiegebilde waren. Indem wir unsere Wünsche akzeptieren, können wir aktiv mit ihnen umgehen. Ohne zu vergessen, daß es Konflikte und Ungewißheiten in diesem neuen und fremden Reich der Gefühle gibt, das wir soeben zu betreten wagen.

6. Konkurrenz

Mit dem Neid einher geht häufig ein Konkurrenzverhalten unter Frauen. Wie alle anderen Bereiche der emotionalen Erfahrung, die Frauen heutzutage hinterfragen und neu definieren, so lassen auch das Phänomen der Konkurrenz, das Gefühl der Konkurrenz und die Einstellung zur Konkurrenz viele Konflikte wach werden. Historisch gesehen haben Frauen miteinander vor allem um die Aufmerksamkeit der Männer konkurriert. Es ging um das schönste Kleid, die neueste Frisur, die reizvollste Persönlichkeit. Als das Leben einer Frau zwangsläufig über die Bindung zu einem Mann definiert wurde, betrachtete man im allgemeinen diesen Konkurrenzkampf als eine angemessene und verständliche Angelegenheit. Frauen sahen einander als Rivalinnen. In Filmen und Romanen porträtierte man sie als unendlich geschickt und einfallsreich, wenn es darum ging, eine Konkurrentin auszuschalten.

Wenn wir uns aber diesen Sachverhalt mit unserem heutigen Wissen um die Bedeutung von Frauenbeziehungen näher anschauen, so finden wir es unwahrscheinlich, daß das Ziel dieses Verhaltens (sich hübsch machen, sich bilden, sonstige »Pluspunkte« sammeln) einfach nur die Erringung männlicher Aufmerksamkeit war. Für viele Frauen stellten die Männer eine gute Ausrede oder das bewußt formulierte Motiv dar, sich Mühe zu geben. Aber oft genug ging es darum, die Aufmerksamkeit anderer Frauen auf sich zu lenken. Frauen suchten die Billigung und Akzeptanz anderer Frauen und sie konkurrierten darum, sie zu erlangen.

Von Kindheit an wollen wir viel stärker von Frauen als von Männern akzeptiert und anerkannt werden. Wir haben die Zuwendung unserer Mutter gesucht und deswegen mit anderen Kindern konkurrieren müssen. Oder wir haben uns gegen die familiären Verpflichtungen, den Beruf oder die Interessen unserer Mutter zur Wehr gesetzt. Gerade bei Mädchen hat der »Verlust« der Aufmerksamkeit der Mutter, den wir alle in der Kindheit erlebt haben, zu einer großen inneren Unsicherheit geführt. Verstärkt wird diese Unsicherheit durch den Druck der Außenwelt, diesen Verlust durch Fürsorglichkeit anderer Menschen gegenüber zu kompensieren. Die Hinwendung zur Männerwelt vermag zwar diese uralte Sehnsucht nach Aufmerksamkeit ein wenig abzumildern, aber sie ist kein Ersatz für die Fürsorge und Liebe, die eine Frau nach wie vor von einer anderen Frau bekommen möchte. Nichts kann diese Sehnsucht ersetzen. Im Laufe ihres Lebens werden Frauen auf mannigfache Art und Weise mit diesem Verlust fertig. Manchmal gehen sie sehr enge Freundschaften ein, in denen die verborgenen Wunden der Vergangenheit durch Wärme und Fürsorge geheilt werden. Manchmal treten sie distanziert und kühl auf, als hätten sie keine solchen emotionalen Bedürfnisse. Manchmal suchen sie sich Freundinnen aus, die sie im Stich lassen. So bestätigen sie jene Urverletztheit, die ihnen die Mutter damals zufügte. Bei den meisten Frauen sind gleichzeitig mehrere Mechanismen wirksam. Das heißt, sie haben enge Freundinnen, mit denen sie nicht aktiv konkurrieren und bei denen sie sich dennoch teilweise unsicher fühlen. Sie wollen ihre Freundinnen zufriedenstellen. Weil sie sie aufrichtig gerne haben. Weil sie sich außerdem ihrer Aufmerksamkeit vergewissern wollen.

Wir wollen nicht leugnen, daß Frauen um die Aufmerksamkeit von Männern rivalisieren. Natürlich geschieht das nach wie vor. Die soziale Stellung, das Auftreten und das Ansehen einer Frau (die Gattin von Herrn Soundso) hingen in der Vergangenheit zum größten Teil von einem Mann ab. Anfangs vom Vater, später vom Ehemann. So ist der Kampf um den richtigen Mann eine ernsthafte Angelegenheit. Seine Auswirkungen prägen den Alltag einer Frau. Aber das Konkurrenzgebaren und das Mißtrauen gegen andere Geschlechtsgenossinnen werden durch Frauenfreundschaften abgemildert. Eine Freundschaft war gewissermaßen das beste Bollwerk gegen Konkurrenzverhalten. Denn eine Frau konnte einigermaßen sichergehen, daß ihre Freundin nicht mit ihr um einen Mann konkurrieren würde. Natürlich gab es immer wieder Freundinnen, die einander im Stich ließen und den freundschaftlichen Pakt brachen. Joleens beste Freundin »machte ihr den Freund und den Job abspenstig«. So stand Joleen plötzlich ohne Freundin, ohne Mann und ohne Arbeit da.

Joleen und Caroline hatten sich in Brüssel kennengelernt, wo beide Pressearbeit für amerikanische Firmen machten. Sie waren einander nähergekommen, weil sie beide Mitte Dreißig, alleinstehend, ehrgeizig und ausgehfreudig waren. Gemeinsam versuchten sie, Männer kennenzulernen. Und Joleen war sehr glücklich, als sie Simon, einen Engländer, kennenlernte, der in Brüssel für die Europäische Gemeinschaft arbeitete. Nun gingen sie häufig zu dritt oder zu viert aus, wenn Caroline ihrerseits einen Bekannten mitbrachte. Joleen war sehr glücklich. Sie hatte alles, was sie wollte. Caroline wurde gleichzeitig zunehmend unzufriedener mit den Aufstiegschancen in ihrer Firma. Und so vermittelte Joleen für die Freundin ein Treffen mit ihrem Vorgesetzten, weil ihre Abteilung expandierte. Die beiden Frauen malten sich aus, wieviel Spaß ihnen die Zusammenarbeit bringen würde.

Als Joleen von einer zweiwöchigen Dienstreise aus Chicago zurückkehrte, erzählte ihr Chef, daß er Caroline eingestellt hatte. Er war so beeindruckt von ihr, daß er ihr die Verantwortung für die Umstrukturierung der Abteilung übertrug. Joleen war außer sich. Das hatte sie einfach nicht erwartet. Noch war sie im geringsten darauf vorbereitet, daß Simon und Caroline in ihrer Abwesenheit eine Affäre begonnen hatten. Obwohl die beiden Schuldgefühle hatten, waren sie mittlerweile der Meinung, daß Joleen die Sache akzeptieren würde und daß ihre Dreiergemeinschaft jetzt auch die Sexualität einschloß. Joleen war außer sich. Sie wollte nicht Simon mit einem anderen Menschen teilen, das sah sie nicht ein. Nie wieder würde sie den beiden vertrauen können. Es war ihr nicht möglich, im gleichen Büro zu arbeiten wie Caroline. Und so kündigte sie, obwohl sie keine andere Stellung in Aussicht hatte. Zwei Jahre später erzählte Joleen in einem Workshop über Frauenbeziehungen, wie stark ihr diese Ereignisse noch zusetzten, wie sehr sie die Freundin vermißte, wieviel mörderische Wut sie damals gespürt hatte. Wie konnte so etwas nur passieren? Für Joleen war ein gewisses Grundvertrauen in einer Freundschaft heilig: Was für die eine wichtig war, würde die andere niemals verspotten oder stehlen. Fast alle Teilnehmerinnen des Workshops nickten Joleen zu, als sie von diesen Gefühlen sprach. Denn Frauen rechnen mit diesem Treuebund.

Joleen war in den Südstaaten der USA in den fünfziger Jahren aufgewachsen, und wie viele andere kleine Mädchen hatte sie an bestimmten Freundschaftsritualen teilgenommenm. Dazu gehörte das Austauschen von Blut, nachdem man sich in den Finger gestochen hatte, und ein tiefernster Treueschwur. Treue hieß in jenen Tagen: andere Mädchen der Freundschaft oder der Clique fernzuhalten bzw. einen bestimmten Typ von Lehrerin oder Mädchen zu hassen. Vertraulichkeit und Haß waren genauso wichtige Bausteine der Freundschaft wie gemeinsame Interessen, Ideen und Träume. Der Ausschluß anderer Mädchen und das gehässige Tratschen über sie waren ein sicheres Ventil für die negativen Gefühle eines Mädchens. Eins der wenigen Ventile. Aber bei der Schaffung eines gemeinsamen Feindbildes ging es in Wirklichkeit darum, den Insidern Sicherheit zu geben. Die bedrohliche Außenwelt gegen den sicheren Hafen der Freundschaft. Das Bedürfnis, im Leben eines anderen Mädchens eine besondere Rolle zu spielen, dominiert andere Emotionen. Die Offensichtlichkeit des Konkurrenzgebarens verdeckt bis zu einem gewissen Grade das wichtigere und dringendere Bedürfnis nach einer sicheren Liebesbeziehung mit einer Frau.

Konkurrenz gehört zum Wesen einer Frauenbeziehung. Frauen haben in jeder Hinsicht miteinander konkurriert. Mal geht es darum, wer die besten Plätzchen macht. Mal geht es darum, wem es am schlechtesten geht. »Was du erlebt hast, ist noch gar nichts«, sagt Sue einer neuen Bekannten. Sie will ihr von ihrer Scheidung berichten. »Du denkst vielleicht, daß du es schlecht getroffen hast. Nun, die Sache mit meinem Exmann war wirklich der Gipfel.« Wir schlucken unsere Schuldgefühle herunter, weil wir so kühn gewesen sind, uns selbst als wahre Unglückslämmer zu betrachten. Und aufmerksam hören wir, was die andere Frau zu berichten hat. Wir konkurrieren miteinander im Glück und im Unglück. Hinter der Konkurrenz steckt etwas anderes: Verzweifelt wollen wir Aufmerksamkeit auf uns lenken, wir sehnen uns nach einer sympathischen Zuhörerin, die auf unsere Lage angemessen reagiert. Wir wollen, daß ein anderer Mensch sich mit den Details unserer Situation befaßt. Wir wollen, daß dieser Mensch unseren privaten Kämpfen Authentizität verleiht. Und das geht nur, so meinen wir, wenn wir diese Kämpfe möglichst dramatisch präsentieren. Es geht nicht um Konkurrenz an sich, wenn wir uns miteinander vergleichen und nach Superlativen suchen. Sondern es geht darum, daß man uns nicht zuhören wird (daß wir unsichtbar sind). Diese Angst feuert uns beim Konkurrieren an.

Kate ist eine von drei Töchtern einer Mittelschichtsfamilie aus Brisbane. Kate verspürt einen großen Drang, sich mit ihren Schwestern zu vergleichen. Dauernd will sie sich von ihnen unterscheiden. Auch ihre Eltern haben versucht, die Töchter auf unterschiedliche Weise wahrzunehmen. Sie haben in jedem Mädchen etwas anderes hervorgehoben und gelobt. Linda war die »Kluge«, die gute Schulzeugnisse nach Hause brachte. Maggi war die Extrovertierte mit der schillernden Persönlichkeit. Kate galt als die Schönheit der Familie. Aber obwohl sich die Eltern bemühten, jede als etwas Besonderes wahrzunehmen, waren die drei für die restliche Familie und für Freunde einfach »die Mädels«. Mit 32 wurde Kate als erste der drei Schwestern schwanger. Sie sonnte sich geradezu in der Aufmerksamkeit der Eltern, der Tanten, Onkel und Freunde. Drei Monate später kündigte Maggie an, daß auch sie schwanger war. Kate war außer sich vor Wut. Es war so, als hätte Maggie voller Absicht ihr etwas weggenommen. Es war ihr fast unmöglich, sich für die Schwester zu freuen. Und sie hatte Angst davor, die Familie zu treffen.

Drei Monate lang hatte Kate das gehabt, wonach sie sich immer gesehnt hatte: Anerkennung und Aufmerksamkeit für sich ganz allein. Drei Monate lang war sie nicht mehr »eins der Mädels« gewesen. Drei Monate lang fühlte sie sich als Individuum, als Kate wahrgenommen. Und jetzt spürte sie schon wieder die sattsam bekannten Konkurrenzgefühle. Sie war wieder »eine von dreien«. Man nahm sie anscheinend nicht als Individuum war. Kates Konkurrenzverhalten hatte in Wirklichkeit sehr viel mit ihrem Kampf zu tun, eine eigene Identität zu wahren.

In den letzten Jahren haben viele Frauen versucht, ihre Geschlechtsgenossinnen als Verbündete und nicht so sehr als mögliche Rivalinnen zu betrachten. Und das bedeutet, daß vorübergehend weibliches Konkurrenzgebaren abgemildert oder zumindest anders interpretiert wurde. Dennoch haben politische Einsichten oder heftig empfundene Slogans * bei den meisten Frauen diese negativen Gefühle nicht aus dem Weg geräumt. Ja, die Situation heutzutage ist vielleicht sogar noch schwieriger, als sie es vor ein oder zwei Generationen war.

Frauen kämpfen um ihren Platz in der Welt, sie erweitern ihren Horizont und stellen sich neuen Herausforderungen. Bei diesem Prozeß wird ihnen eine männliche Ideologie überstülpt,

* *Sisterhood feels good* − Schwesterlichkeit tut gut (A. d. Ü.)

die in etwa so lautet: Die Welt da draußen ist hart. Wenn du Erfolg haben willst, mußt auch du hart sein. Du mußt konkurrieren können, zielstrebig und fest sein. Männer wissen, wie man konkurriert. Sie sind damit groß geworden. Frauen, die ebenfalls ein Stück des Kuchens abbekommen wollen, müssen sich dem Druck aussetzen und unter männlichen Bedingungen den Wettbewerb aufnehmen. Es hat keinen Zweck, bei der Arbeit weich und feminin zu sein. Wettbewerbsfähigkeit – das ist der Dreh- und Angelpunkt einer kapitalistischen Gesellschaft. Die Starken überleben, und sie überleben, indem sie konkurrieren, indem sie ständig nach oben streben. Mit anderen Worten: Aufgepaßt, Frauen, ihr müßt konkurrieren, denn Konkurrenz gehört unabdingbar zum Erfolg dazu.

Es ist ironisch, daß ein Großteil der Energie, die anfangs die Frauenbefreiungsbewegung vorantrieb, auf einer Übereinkunft beruhte: Konkurrenzverhalten unter Frauen war destruktiv und spalterisch, es führte zu Mißtrauen. Inzwischen erleben wir Frauen, daß uns immer mehr Türen offenstehen. Das ist zum größten Teil auf feministische Kampagnen zurückzuführen. Das bedeutet aber nicht, daß der große Einzug der Frauen den Charakter der Arbeitsbedingungen geändert hätte. Statt dessen beobachten wir, wie sich männliche Werte an der Arbeit und zu Hause durchsetzen. Weiblichen Qualitäten wird nicht applaudiert. Einst existierte nur eine Handvoll Ausnahmefrauen in männlichen Berufen, und sie galten als aggressive »Kastriererinnen« (das heißt als Mannweiber). Heutzutage werden Frauen dazu ermutigt, bei der Arbeit genauso aggressiv wie ihre männlichen Kollegen zu sein. Frauen, die seit Jahren den harten Kampf in männlichen Enklaven durchgestanden haben, sind inzwischen so an das Konkurrieren gewöhnt, daß sie ihre Art, mit Arbeitsbeziehungen umzugehen, nicht mehr hinterfragen wollen. Und so werden männliche Werte zusätzlich verstärkt, wenn Frauen sie leben und bejahen.[1]

In unserer Gesellschaft ist der Wettbewerb positiv besetzt. Bewerten und Einstufen gehören zu unseren sozialen Beziehungen. Konkurrenzverhalten wird sogar von jenen bejaht, die die gesellschaftliche Stellung der Frauen verändern wollen. In ihrer fundierten Arbeit zum Thema Freundschaft[2] empfiehlt Lillian Rubin, daß Frauen geschickter mit ihren Konkurrenzgefühlen umgehen sollten. »Es ist keineswegs so, daß Frauen nicht konkurrieren. Es fällt ihnen nur unendlich schwer, das einzugestehen und dementsprechend zu handeln. Und doch sind die Hemmungen der Frauen in Sachen Konkurrenzverhalten genauso oder fast genauso schädigend für eine Freundschaft wie die Hemmungslosigkeit der Männer ihrerseits. Eifersüchteleien, Neid und kleinliches Rivalisieren, die manchmal die Beziehungen von Frauen untereinander vergiften, sind eben darauf zurückzuführen, daß Frauen viel zu lange daran gehindert wurden, sich offen aneinander zu messen ... Meiner Meinung nach gehört es zu meinen Aufgaben als Psychotherapeutin, Frauen ihre Konkurrenzgefühle bewußtzumachen, damit sie ihnen direkt und frei Ausdruck verschaffen...«

Aber dies ist ein zu einfaches Rezept. Um weibliches Konkurrenzverhalten und seine Auswirkungen richtig zu verstehen, müssen wir einer ähnlichen Spur nachgehen wie beim Neid. Eine männliche Betrachtungsweise hilft uns nicht weiter bei der Analyse weiblichen Konkurrenzverhaltens, wie wir sehen werden.

Konkurrenzverhalten spielt im Leben von Männern und Frauen eine unterschiedliche psychologische Rolle. Und deswegen können wir nicht eine dem Wesen nach männliche Betrachtungsweise einfach übernehmen. Wir sahen zuvor, daß der Neid ein Abwehrmechanismus gegen ein Geflecht anderer Gefühle ist. Dasselbe wollen wir auch beim Konkurrenzverhalten annehmen. Konkurrenzgefühle sind eine unangenehme Angelegenheit. Aber es handelt sich bei ihnen nicht einfach um einen emotionalen Zustand, mit dem eine Frau fertig werden muß (oder den sie bejahen soll). Konkurrenzverhalten ist ein Hinweis auf andere Gefühle. Ein Abwehrmechanismus, der eine Beziehung mit schwierigen und unlösbaren Spannungen befrachten könnte, wenn wir ihn nicht erforschen.

Wir wollen uns kurz die psychologische Entwicklung von Mädchen und Knaben anschauen, damit wir begreifen, warum Konkurrenzverhalten bei den beiden Geschlechtern etwas Unterschiedliches bedeutet. Bei ihrer Entwicklung müssen Mädchen mit einer sehr wichtigen Aufgabe fertig werden: Sie müssen sich als *ähnlich, aber verschieden* von ihrer Mutter begreifen. Aber wir haben über die Hemmnisse bei diesem Prozeß gesprochen: Mütter und Töchter haben das gleiche Geschlecht. Mütter identifizieren sich mit ihren Töchtern, Mütter sind möglicherweise auch nicht psychologisch selbständig (sie haben sich von ihrer eigenen Mutter oder ihrer Tochter nicht losgelöst). Eine schwierige Herausforderung also, und viele Frauen sind ein Leben lang damit beschäftigt, eine eigene Identität zu finden. Knaben und Männer werden jedoch von Anfang an als etwas »anderes« wahrgenommen. Sie sind nicht so wie ihre Mütter, sie haben nicht das gleiche Geschlecht, sie sind biologisch völlig anders, sie werden ein ganz anderes soziales Sein haben als ihre Mütter. Und so werden Knaben nach wie vor als das Gegenteil von Weiblichkeit definiert. Für sie ist es etwas Normales, anders und verschieden zu sein. Der geschlechtliche Unterschied schafft eine Grenze, die die enge Bindung zwischen Mutter und Sohn formt. Von Anfang an werden Knaben als etwas »anderes« behandelt, und sie erleben sich auch als etwas anderes. Die frühkindliche Verschmelzung und die darauffolgende Phase der Loslösung haben also andere Vorzeichen.[3] Opposition und Anderssein sind Merkmale, die eine männliche Identität aufbauen und absichern. Konkurrenzverhalten treibt den Prozeß der Differenzierung voran. Es ist eine Manifestation des Selbst (wenn auch eine defensive). *Frauen suchen ihr Selbst, indem sie sich auf andere beziehen. Männer suchen ihr Selbst, indem sie sich von anderen unterscheiden.* Bei Männern hat also Konkurrenzverhalten häufig

120

mit Identitätsstiftung zu tun. Frauen empfinden das Anderssein dagegen als Bedrohung der eigenen Identität. Demzufolge wäre es falsch, Konkurrenzverhalten unter Frauen mit positivem Streben gleichzusetzen. Zuallererst müssen wir die Schwierigkeiten der Frauen mit ihren Konkurrenzgefühlen richtig begreifen. Und dann diese in Zusammenhang mit der psychologischen Geschichte der Frauen analysieren.

Vielen Frauen ist der Kampf um eine eigenständige Identität psychisch fast unmöglich. Vergleichen und Differenzieren kommen ihnen wie ein Aufkündigen der Bindung vor – eine Bindung, die der Frau einst ihr Selbstbewußtsein schenkte. In Kapitel 3 sahen wir, daß das Konzept der Differenzierung (das heißt die Fähigkeit, innerhalb der Beziehung sowohl eigenständig als auch verbunden zu sein) außerhalb des psychologischen Bezugsrahmens einer Frau ist.[4] Um noch einmal die Metapher zu benutzen: Differenzieren ist grammatisch falsch, es paßt nicht zur Erfahrungswirklichkeit einer Frau. Wenn eine Frau konkurriert, so stellt sie gewissermaßen die enge Bindung zu anderen in Frage. Die Frau dokumentiert: »Ich bin nicht wie ihr, ich bin anders/besser/schlechter. Indem sie die Anerkennung ihrer Andersartigkeit herbeizwingt, nimmt sie eine einsame Position ein. Und wenn sie dann allein (präziser gesagt: bindungslos) ist, verspürt sie große Selbstzweifel. Ihre Identität gerät ins Wanken. So wird das Konkurrieren zu einer aufwühlenden, beängstigenden Erfahrung. Indem sie sich mit anderen mißt, vermeint sie, ihre Beziehungen zu gefährden. Das Konkurrieren bindet nicht, sondern spaltet. In der Konkurrenzsituation meint die Betroffene, ihr Gegenüber aufzuheben und sich gleichzeitig selbst zu verlieren.

So kommt es, daß viele Frauen Konkurrenzsituationen ganz und gar aus dem Wege gehen. Es verwundert kaum, daß Frauen sich schlecht und schuldig fühlen, wenn sie sich mit einer Freundin messen. Wir schieben solche Gedanken weg, oder wir leugnen, sie zu haben. Wir meinen, aggressiv und egoistisch zu sein, wenn wir unsere Kompetenz vorführen.

121

Mehr Erfolg haben zu müssen als andere Frauen – welch eine unangenehme Situation! Es ist so, als würden wir die Nabelschnur zu anderen Frauen durchtrennen.

Beispiel Marion. Als sie neunzehn war, warf sie ihre Ausbildung bei der Royal Academy of Dramatic Art, einer renommierten Schauspielschule in London, plötzlich hin. Sie war eine ausgezeichnete Schülerin, aber sie konnte das ganze Wetteifern um Aufmerksamkeit nicht mehr ertragen. Ihr war das einfache Anerkennen ihres Talents und ihrer Stärken genug. Sie wollte nicht besser sein müssen als diese oder jene Freundin. Das ständige Konkurrieren empfand sie als große Bedrohung, gewiß hatte sie sich für den falschen Beruf entschieden. Sie konnte sich einfach nicht vorstellen, während der nächsten 40 Jahre mit ihren Kolleginnen um Rollen zu wetteifern. Sie brauchte eine Arbeitssituation, in der sie selbst und andere sich richtig bewertet fühlen konnten. Marions Bedürfnis, die eigene Identität in Relation zu anderen Menschen zu definieren, hinderte sie daran zu konkurrieren. So etwas war einfach zu unbehaglich. Viel einfacher war es doch, sich zurückzuziehen.

Beispiel Claudia, eine Musikerin Mitte Zwanzig: Sie fühlte sich in der Gegenwart ihrer beiden alten Schulfreundinnen Anne und Carol, die inzwischen Berufstänzerinnen waren, immer unsicher. Sie trug selten zu den Gesprächen bei, selbst wenn das Thema sie gewöhnlich interessierte. Alles, was ihr durch den Kopf ging, waren anscheinend ihre jüngsten Erfolge. Und sie fürchtete, angeberisch zu wirken, wenn sie von sich selbst erzählte. Claudia war eine vorzügliche Violinistin, und sie war meistens nicht sonderlich schüchtern. Sie empfand die Zeit, die sie mit ihren beiden Freundinnen verbrachte, als sehr unangenehm und versuchte nachzuvollziehen, warum sie in der Gegenwart der beiden anderen so verschlossen war. Da erkannte sie, daß Anne und Carol sehr stark mit ihr konkurrierten. So sprachen die beiden über klassische Musik, ohne die Autorität Claudias in diesem Bereich anzuerkennen. Sie hatten solche Komplexe wegen ihrer angeblichen Erfolglosigkeit, daß sie Claudia die Kompetenz verübelten. Auf ihre Kosten versuchten sich die beiden besser und stärker zu fühlen. Indem sie Claudias Spezialwissen außer acht ließen, konnten sie sie recht effektiv ignorieren. Und genau dieser Mangel an Anerkennung weckte in ihr Konkurrenzgefühle. Sie fühlte sich abgeschoben. Sie durfte nicht an den Gesprächen teilnehmen. Das ließ in ihr einen starken Wunsch wach werden, ihr großes Wissen vorzuführen, damit Anne und Carol endlich gezwungen wären, sie anzuerkennen. Aber Wut und Verletztheit ließen sie stets verstummen.

Häufig geht es bei Konkurrenzverhalten um die eine oder andere Form von Anerkennung. Denn Anerkennung von außen macht einen Menschen sichtbar. Wenn man sich übergangen oder abgeschoben fühlt, so können Konkurrenzgefühle losbrodeln, hinter denen in Wirklichkeit ein Kampf um die eigene Identität steht. Eine Frau möchte, daß ihre Errungenschaften wahrgenommen werden – es geht hierbei um eine Form der *Selbstdarstellung*. Claudia wollte ihren Freundinnen ihre Präsenz aufzwingen. Weil Carol und Anne sie ignorierten, wurde sie unsichtbar. Eine innere Alarmglocke läutete, das Zeichen zur Selbstbehauptung. Daß sie den Drang hatte, über ihre jüngsten Erfolge zu reden, hatte mit ihrem Hunger nach Anerkennung zu tun, der bei ihren Freundinnen nicht gestillt wurde. Anne und Carol ignorierten Claudia tatsächlich. Ihr Neid hinderte sie daran, Claudias Erfolg anzuerkennen. Weil Anne und Carol Probleme mit dem eigenen Ehrgeiz und der Bestätigung von außen hatten, mußten sie Claudias Errungenschaften leugnen. Sie verbündeten sich und schlossen sie aus. Ihr Neid rief Claudias Konkurrenzgebaren auf den Plan. Ihre Verweigerungshaltung zwang Claudia dazu, für sich selbst zu kämpfen.

Wir wollen noch einmal das Beispiel der Psychologinnen in Chicago anführen, um Wechselwirkung und Unterschied zwischen Neid und Konkurrenzverhalten zu illustrieren. Wir haben dargestellt, wie neidisch Hilarys Kolleginnen waren, weil diese immer mehr Selbstvertrauen in der Öffentlichkeit an den Tag legten. Was wir aber oben nicht erwähnt haben: Zum Neid kamen Gefühle der Konkurrenz hinzu. Es ging bei diesem Fall nicht nur um unterdrückten Ehrgeiz, der dann Neid wach werden ließ, sondern sie konkurrierten mit Hilary auch um die Anerkennung, die sie gewonnen hatte. Auch sie wollten eine ähnliche öffentliche Wertschätzung. Sie wollten, daß ihre Kompetenz von der Außenwelt anerkannt wurde. Innerlich fühlten sie sich keineswegs immer kompetent und fähig, aber sie hatten Sehnsucht danach. Und so malten sie sich aus, daß, wenn sie an Hilarys Stelle stünden, auch sie Bestätigung empfangen würden, was ihnen mehr Selbstsicherheit schenken würde.

Der Neid ist eine Folge des Tabus, das den Bedürfnissen einer Frau auferlegt wird. Dagegen sind Konkurrenzgefühle Ergebnis der Restriktionen, die Frauen in Sachen Autonomie und Sichtbarkeit erlebt haben. Neid hat etwas mit dem Konflikt zu tun, der in den Frauen wegen ihrer verbotenen Wünsche entsteht. Bei Konkurrenzgefühlen geht der Konflikt dagegen darum, daß die Betroffene von Minderwertigkeitskomplexen und Selbstzweifeln aufgerieben wird. Sie empfindet sich als unfähig oder inkompetent. Und sie weiß nicht, wie sie Fähigkeit oder Selbstvertrauen erringen soll. Sie schämt sich, ihre Minderwertigkeitskomplexe zuzugeben. Weil ein solches Eingeständnis zu erniedrigend und beängstigend wäre, verfällt die Betroffene aufs Gegenteil: »Ich bin besser als du.« Auch wenn Frauen darum konkurrieren, wem es nun am schlechtesten geht, taucht dieses Element auf. Denn wenn das große Elend ausbricht, kann man ja nichts tun. Man ist hoffnungslos. Das Konkurrieren um Superlative des Glücks oder Unglücks steht für ein und dieselbe Sache: Es ist ein Abwehrmechanismus gegen zutiefst empfundene Minderwertigkeitskomplexe. So wie wir den Neid unter anderem als Rebellion gegen Deprivation betrachten können, so sind wir auch in der Lage, die Impulse hinter dem Konkurrenzverhalten einer Frau in einem positiven Licht zu sehen. Konkurrenzgebaren wäre dem-

nach ein Zeichen von Vitalität, von Selbstverwirklichungs-
drang, von Differenzierung, vom Recht auf die eigene Person.
Konkurrenzgefühle beinhalten die Sehnsucht nach Loslösung
und Selbstbewußtsein. Es geht bei ihnen um das Überwinden
erstickenden Selbstzweifels und Unsicherheit. Es ist die Jagd
nach Selbstvertrauen, um eigene Ziele zu verwirklichen. Es
geht bei ihnen um Haben und Sein.

Wenn wir sie unter diesem konstruktiven Vorzeichen sehen,
so wollen wir keineswegs abstreiten, wie schmerzlich und
erniedrigend diese Gefühle sind. Bei unserer Analyse fragen
wir stets, warum eine Frau in einer bestimmten Situation mit
einer anderen konkurriert. Worum geht es, was ist die Funktion dieser Konkurrenzsituation?

Wir wollen uns noch einmal an den Fall der Tanzgruppe
erinnern. Die Mitglieder waren unglücklich, als Laurie ihr
Babyjahr nahm. Sie mußten mit Gefühlen des Verlassenwerdens und der Unsicherheit fertig werden. Jetzt, da Lauries
Rückkehr unmittelbar bevorstand, standen sie ihr skeptisch
gegenüber. Einen Teil ihrer Unsicherheit drückten sie durch
Konkurrenzverhalten aus. Dieses Beispiel illustriert drei deutliche Merkmale einer Konkurrenzsituation zwischen Frauen:
1. Sie konkurrieren um die Anerkennung durch die Außenwelt
(Laurie hatte eine solche Bestätigung, weil sie die Gründerin
und Leiterin der Gruppe war). 2. Sie konkurrierten, weil sie
sich innerlich unfähig und inkompetent fühlten, und 3. , sie
konkurrierten, um eine eigene Identität zu stabilisieren.

Einige der Frauen gaben zu, daß sie sich mit Laurie verglichen. Daß sie offen mit ihr wegen ihres choreographischen
Talents, ihrer Ideen und ihres Auftretens konkurrierten. Während Lauries einjähriger Abwesenheit war die Gruppe gezwungen gewesen, bis dato völlig unbekannte Fähigkeiten zu entwickeln. Obwohl die Frauen recht nervös waren, brachten sie
doch zwei Aufführungen zustande, die Anerkennung fanden.
Diese Bestätigung tat gut, die Gruppe war nicht willens, darauf
zu verzichten.

Für das Kollektiv war Bestätigung eine neue Erfahrung. Und weil dieses positive Erlebnis unmittelbar auf die große Unsicherheitsphase nach Lauries Weggang folgte, empfanden die Frauen Lauries Rückkehr als bedrohlich. Sie hatten Angst, daß Laurie die Gruppe dominieren würde. Sie hatten Angst, daß Laurie ihnen die Errungenschaften wegnehmen würde. Sie hatten Angst, daß Laurie ihre Erfolge vergleichsweise blaß und unerheblich finden würde. Sie hatten Angst, daß *sie selbst* nach Lauries Rückkehr die eigenen Stärken verneinen würden und daß die Leiterin ihre Fähigkeiten nicht anerkennen könnte, weil sie sie unter den Teppich kehren würde. Die Abwesenheit von Laurie hatte lang genug gedauert, um die Minderwertigkeitsgefühle der Frauen an den Tag zu legen. Aber doch nicht lang genug, um eine neue Quelle der Stärke zu etablieren. Die Frauen waren unsicher, und sie wollten Lauries Beifall. Gleichzeitig aber konnten sie sich nicht vorstellen, diesen Beifall zu bekommen.

Als Laurie das Babyjahr angetreten hatte, hatten die Frauen ein »Baby« (die Tanzgruppe), dessen Eltern sie nie gewesen waren. Sie wollten dem Kind gute Eltern sein und verglichen sich in diesem Sinne sehr stark mit Laurie. Aber sie meinten, ihr nicht das Wasser reichen zu können. Sie hatten Angst, daß Laurie die Unfähigkeit der Frauen sehen und von ihnen enttäuscht sein würde.

Das Dilemma dieser Frauen weist auf zahlreiche Probleme hin, die hinter dem Begriff Konkurrenz stehen: Minderwertigkeitsgefühle, mangelnde Bestätigung und der Kampf um eine neue Gruppenidentität.

Sara und Lesley sind Hörfunkjournalistinnen. Sie machen immer wieder gemeinsam eine Diät. Sara erzählt der Freundin, daß sie im Laufe der letzten drei Wochen zwölf Pfund abgenommen hat. Sie ist sehr zufrieden und erwartet, daß Lesley sie lobt. Statt dessen vergleicht sich Lesley mit ihr. Sie hat nur sieben Pfund abgenommen, was sie vor dem Gespräch mit Sara recht zufriedengestellt hat. Plötzlich kommt sie sich dick und unfähig vor. Saras Triumph inspiriert sie nicht, sondern stürzt sie in Panik. Lesley fühlt sich von Sara im Stich gelassen. Die beiden Freundinnen wollten doch im Elend oder Erfolg vereint auftreten. Sie wollten doch immer gleich sein und gleich leben. Jetzt hat Sara das Bündnis aufgekündigt. Plötzlich existiert da eine Konkurrenz, wo zuvor Einigkeit herrschte. Und beim Vergleich ist Lesley die Verliererin. Sie möchte ebenso erfolgreich wie Sara sein. Sie konkurriert mit der Freundin. Sie empfindet sich als gemeine und kleinliche Person, weil sie der Freundin den Erfolg nicht gönnt.

Lesleys Verhalten ist ein einfaches Beispiel dafür, wie Konkurrenzgebaren als Abwehrmechanismus funktioniert. Ihre enge Bindung zu Sara erlaubte ihr ein relativ sicheres und positives Selbstwertgefühl. Sie war nicht allein mit ihren Zweifeln, sie war nicht allein bei ihrer Suche nach Lösungen (mochten diese noch so flüchtig sein). Wenn ihre Diät gut voranging, fühlte sie sich relativ wohl in ihrer Haut. Aber als Sara ihr von den eigenen Erfolgen erzählte, mußte sich Lesley sofort mit der Freundin vergleichen. Sie spürte den Unterschied. Ihre positiven Gefühle lösten sich in nichts auf. Saras Erfolg erweckte in Lesley das Gefühl, daß sie nie gut genug, attraktiv genug oder selbstdiszipliniert sein würde. Am liebsten hätte sie die Diät abgebrochen, weil sie so eine Versagerin und fette Schlampe war. Zuvor hatte Lesley diese Zweifel und Ängste in Schach halten können, weil es diese unausgesprochene Übereinkunft zwischen den Freundinnen gab, stets auf gleicher Höhe mit der anderen zu sein. Als Sara Lesley überholt hatte, wollte sie mit ihr konkurrieren, es ihr gleichtun. Aber gleichzeitig meldeten sich die Minderwertigkeitskomplexe, und Lesley blieb auf der Stelle stehen.

Natürlich kann man nicht Sara die Schuld für Lesleys Zustand zuschreiben. Lesley mußte diesen Konflikt selbst überwinden. Sara konnte ihr dabei helfen, aber sie hatte sie ja nicht wirklich verlassen, indem sie ein paar Kilo weniger als die Freundin wog. Sie hatte ja nicht die Freundin ausstechen wollen, sondern lediglich versucht, die eigenen Wünsche umzusetzen. Als sie darüber sprachen, wie entmutigt Lesley war, versuchte Sara, das Selbstvertrauen der Freundin wieder zu stärken, damit sie die Minderwertigkeitskomplexe loswurde, die ihr Saras kleiner Erfolg beschert hatte.

Ist es unvermeidlich, daß Frauen miteinander rivalisieren? Ist dieser Wettbewerb auf die Mutter-Tochter-Beziehung zurückzuführen? Steckt hinter jeder Konkurrenzsituation die Angst, die Mutter zu übertreffen, bzw. der Wunsch, erfolgreicher zu sein als die Mutter?

Natürlich klingen in Konkurrenzsituationen unter Frauen Konflikte an, die auf die Mutter-Tochter-Beziehung zurückzuführen sind. Beim Entwickeln einer eigenen Identität mußten wir mit dem überwältigenden Bild von Weiblichkeit konkurrieren, daß die Mutter für uns repräsentierte. Wir mußten uns ihr gegenüber definieren und orten. Und das ist möglicherweise ein schmerzlicher Kampf. Denn indem wir neue Optionen für uns selbst herausfinden, meinen wir machmal, das Leben und die Liebe unserer Mutter nachträglich abzuweisen. Um erwachsene Frauen zu werden, so fürchten wir, müssen wir unsere Mutter betrügen oder verlassen. Wir verschaffen uns etwas, das sie niemals hatte: die Erfahrung eines autonomen Selbst. Wenn die Identiät einer Mutter tatsächlich überwiegend durch ihre Bindung zu anderen definiert wird, dann widersetzt sie sich möglicherweie dem Autonomiestreben der Tochter. Sie möchte die Tochter in dieser engen Verbindung behalten, damit sie die eigene Identiät aufrechterhält.

Mutter und Tochter meinen, in ein Tauziehen verwickelt zu sein. Die eine will die enge Verbindung, die andere Differenzierung und Eigenständigkeit. Die Rollen können wechseln, denn *beide* wollen Nähe und Distanziertheit. Keine kann gewinnen, solange sie weiter am Seil ziehen, denn es handelt sich nicht um einen Krieg. Sondern um einen gemeinsamen und getrennten Kampf um das Selbst. Das Erwachsenwerden der Tochter kann einem Härtetest gleichen: Wer wird gewinnen? Beide Personen fühlen sich in diesem Kampf gefangen. Die eine hat die Rolle der Verräterin, die andere die der Gefängniswärterin. Aber dieser Kampf um Individualität ist nicht nötig. Beide müssen die Liebe, Bindung und Bedürfnisse anerkennen, die sie an die andere richten, und sich gleichzeitig eingestehen, daß das Loslassen sowohl Schmerz als auch Freude in sich birgt.

Offensichtlich ist die allmählich wach werdende Sexualität der Tochter ein Aspekt, an dem sich die Konkurrenz zwischen Mutter und Tochter ablesen läßt. Eine Tochter im Teenager-Alter symbolisiert für die Mutter den Übergang in einen anderen Lebensabschnitt. Weil unsere Gesellschaft einen regelrechten Kult um Jugend und Sexualität treibt, ist dieser Übergang nicht unproblematisch. Für die Frau ist Sexualität ein Pluspunkt, ein Instrument der Wirklichkeitsbewältigung.[5] Als ob sie durch ihre Sexualität anerkannt und identifiziert wird, wenn auch nur teilweise. Deswegen wird sich eine Mutter möglicherweise des eigenen Alterns angstvoll bewußt, wenn sie täglich mit der Sexualität und Weiblichkeit der Tochter konfrontiert wird. Plötzlich ist die Tochter heiratsfähig, und die Mutter wird daran erinnert, wie wichtig einst der Körper war, um Bestätigung zu bekommen. Das kann dazu führen, daß eine Mutter unbewußt mit der Tochter sexuell konkurriert, um ihr »Selbst« aufrechtzuerhalten.

Manch eine Frau kann ein Lied davon singen, wie stark sich die Mutter mit ihren diversen Freunden befaßt hat. Dies ist eine so häufige Erscheinung in unserer Gesellschaft, daß sie sogar verfilmt wurde: Wir erinnern uns an Anne Bancroft als Mrs. Robinson in *Die Reifeprüfung*. Mrs. Robinsons Macht ist dem Wesen nach sexuell. Ihre Angst, älter und anscheinend unattraktiver zu werden, macht die erwachende Sexualität der eigenen Tochter zur schmerzhaften Angelegenheit. Voller Verzweiflung klammert sie sich an die eigene sexuelle Identiät. Sie möchte weiterhin im Rampenlicht stehen und konkurriert mit der eigenen Tochter um diese Position.

In diesen vielen Konflikten kristallisiert sich ein gemeinsamer Nenner heraus. Das kann uns helfen, umzudenken anstatt abgeschreckt zu verdrängen, wenn es um Konkurrenzverhalten unter Frauen geht. Wir müssen nicht zwanghaft mit Angst, Passivität und Selbstzweifeln reagieren. Wir können auch eine andere Lesart des Konkurrenzverhaltens finden: als Instrument zum besseren Verständnis unserer selbst und anderer Frauen. Konkurrenzverhalten ist zum Teil eine Suche nach Bestätigung, ein Stück Selbstverwirklichung, ein Teil der Autonomie. Es geht nicht darum, die andere Person in den Schatten zu stellen, »die Beste« zu sein. Es geht nicht um äußere Auszeichnungen. Sondern wir benutzen den Erfolg eines anderen Menschen als Anregung dazu, eigene Ambitionen zu erfüllen.

Für Frauen kann es problematisch werden, die Errungenschaften anderer Frauen anzuerkennen, wenn wir uns bei der Bewertung einer patriarchalischen Begrifflichkeit bedienen. In unserer Gesellschaft ist es üblich, den Erfolg anderer mit Konkurrenzverhalten zu quittieren. Solche Reaktionen sitzen tief. Aber wir sind der Überzeugung, daß sie verinnerlichte Normen einer Gesellschaftsordnung sind, die Individualismus, Selbstbehauptung und Angst vor sozialen Bindungen fördert und fetischisiert.

Der Individualismus ist eine leistungsorientierte Daseinsform, die ein falsches Unabhängigkeitsgefühl hervorruft. Beim Individualismus geht es nicht darum, daß der Mensch im authentischen Sinne selbstsicher ist. Permanent verneint der Mensch, von anderen abhängig zu sein, und baut sich Abwehrmechanismen auf, die ihn von anderen Menschen isolieren. Und so werden Erfolge anderer zur Bedrohung, denn das eigene Selbstwertgefühl ist äußerlich. Will sagen: Weil das Selbst von innen her unsicher ist, baut man eine Persönlichkeit auf, die äußere Erfolge nötig hat. Ein dauerndes Konkurrenzverhalten ist die zwingende Folge, denn die ganze Existenz beruht ja auf Äußerlichem und auf Erfolgen. Tragischerweise blüht unsere Kultur auf dieser Ebene. Unser System frönt dem Individualismus: Jeder ist sich selbst der Nächste, der Stärkere setzt sich durch.

Psychologische Eigenständigkeit ist aber keineswegs dasselbe wie Individualismus. Psychologische Eigenständigkeit ist die Fähigkeit, sich als eigene Person zu spüren und die Grenzen zu anderen wahrzunehmen. Psychologische Eigenständigkeit ermutigt und ermöglicht befriedigende und authentische Beziehungen zu anderen Menschen. Die Fähigkeit, Selbstbewußtsein zu erlangen, leitet sich ab von der Einbindung im Zwischenmenschlichen, vom Eingeständnis eigener Bedürfnisse nach Liebe, gegenseitiger Abhängigkeit und emotionaler Nähe. Diese Bedürfnisse dauern ein Leben lang an. Auf andere sich verlassen zu können − das ist ein wesentlicher Baustein für psychologische Eigenständigkeit. Wenn wir eine Alternative zum destruktiven Konkurrenzverhalten erreichen wollen, müssen unsere Beziehungen anders strukturiert sein. Wir brauchen eine Struktur, die sowohl Nähe als auch Eigenständigkeit enthält, sowie die Kreativität, die sich aus dieser Spannung ergibt.

Anmerkungen:

1 In ihrem Buch *Feminine Leadership or How to Succeed in Business Without Being One of the Boys,* New York 1985, argumentiert Marilyn Loden für die Schaffung neuer weiblicher Führungseigenschaften, die die traditonell männlichen (das heißt leistungsorientierten und konkurrenzbewußten) nicht einfach kopiert. Sie weist auf ein interessantes Phänomen hin: In den siebziger Jahren gab es in der Arbeitswelt sehr wenig Interesse und Motivation bei den Beschäftigten. Psychologen wurden damit beauftragt, sich mit diesem Problem zu befassen. Sie schlugen vor, die Arbeitswelt persönlicher zu gestalten. Loden sagt, daß die »Vermenschlichung« ein Trend sei, der die Feminisierung des Arbeitsplatzes ergänzt, und daß weibliche Fähigkeiten und Eigenschaften heutzutage größere

Durchsetzungschancen hätten. Die Kluft zwischen weiblichen Eigenschaften und Führungseigenschaften wird immer geringer werden, darüber hinaus wird man bei Frauen jene wesentlichen Fähigkeiten finden, die erfolgreiche Manager erst lernen müssen. So kommen Frauen zu ihrer längst verdienten Bestätigung und zu Respekt. Frau Lodens Schlußfolgerung: Die noch gültige Vorstellung, daß eine Frau sich der Männerwelt anpassen muß, ist nicht die einzige Option.

2 Rubin, L., *Just Friends: The Role of Friendship in our Lives*, New York 1985, S. 83 und 89.

3 Vergleiche Eichenbaum, L., und Orbach, S., *Ganz Frau und wirklich frei*, ECON, Düsseldorf. In diesem Buch geht es um entwicklungspsychologische Unterschiede zwischen Männern und Frauen, die bei Männern dazu führen, daß sie sich mit Beziehungen und Intimität schwertun, und bei Frauen, daß sie mit Eigenständigkeit und Intimität Probleme haben.

4 Eichenbaum, L., und Orbach, S., *Feministische Psychotherapie. Auf der Suche nach einem neuen Selbstverständnis der Frau*, München 1984.

5 Orbach, S., *Anti-Diätbuch*, München 1979, *Antidiät II*, München 1984.

132

7. Wut

Wut ist ein emotionaler Zustand, der für Frauen außerordentlich schwierig sein kann. Frauen und Wut — da fallen uns nur alte Klischees ein. Klischees, die überdies widersprüchlich sind. Zum einen gibt es die zufriedene Mutterfigur, die sich anderen anpaßt und der nie etwas zuviel ist. Sie ist ist unerschütterlich und nimmt Schmerzen und Leiden ihrer Umwelt auf sich. Sie projiziert Wärme und Gelassenheit. Wut und Zorn sind ihr fremd. Auf der anderen Seite gibt es da die wütende, nörgelnde Xanthippe. Sie ist mit ihrem Los unzufrieden und gerät bei der geringsten Provokation außer sich. Es ist unangenehm, in ihrer Nähe zu sein. Ihre Wut gilt als bösartig und destruktiv.

Zwei Klischees, die den Frauen das Recht auf Wut abstreitig machen. Die daraus folgende Botschaft ist klar. Frauen sollen nicht wütend werden. Und wenn sie es doch tun, dürfen sie auf keinen Fall ihre Wut zeigen. Wie bei der Sexualität, so werden auch hier Frauen in zwei Extremen gezeichnet: Heilige oder Hexe (Madonnen oder Huren). Und wie bei der Sexualität, so hat alle Welt Angst vor der Wut der Frau — einschließlich der Betroffenen selbst. In Frauenbeziehungen wird Wut sehr selten eingestanden oder ausgedrückt. Schwierigkeiten, Meinungsverschiedenheiten und Rücksichtslosigkeit produzieren Wut bei einem Menschen. Sie sind Teil einer zwischenmenschlichen Beziehung — sei diese nun freundschaftlicher oder intimer Art. Aber Frauen haben kein direktes Ventil für die Wut, die aus solchen Konflikten resultiert. Mütter und Töchter mögen sich streiten, Schwestern mögen sich unaufhörlich zanken. Aber in außerfamiliären Frauenbeziehungen kommt es selten zu einem Streit wegen persönlicher Schwierigkeiten. Sollte ein Disput dennoch heftig werden, ist er von Schuldgefühlen und Vorwürfen begleitet. So wird die Situation für beide Seiten unerträglich. Der Krach erschreckt die Betroffenen zutiefst. Sie werden völlig entmutigt, jemals wieder ihre Wut aufeinander zu zeigen.

An dieser Stelle sei noch einmal an den Anfang dieses Buches erinnert: Es war die ungeheure Wut der Betroffenen, die uns veranlaßte, uns stärker mit der Psychologie von Frauen zu beschäftigen und der Frage nachzugehen, warum Frauen zu Feindinnen wurden, die zuvor so einig gegen einen gemeinsamen äußeren Gegner aufgetreten waren. Indem wir auf psychologischer Ebene analysieren, was damals bei den Frauenstudien passierte, erkennen wir, daß es bei diesem Streit um sehr viel mehr ging als um eine politische Meinungsverschiedenheit im engen Sinne. Dieser Disput um den politischen Standort war beladen mit heruntergeschluckten Konflikten und Wutgefühlen, die unter Frauen existieren. Wenn sich diese Schwierigkeiten Luft machen, registrieren wir nicht eine einfache Meinungsverschiedenheit, sondern das Auftauchen einer tiefen Feindschaft. Wenn Liebe und Vertrauen, die Stützpfeiler der Frauenbeziehungen, in Frage gestellt sind, so nehmen Kummer, Verrat, Haß und Wut außerordentlich großes Ausmaß an.

Im nachhinein können wir in gewisser Hinsicht festhalten, daß der Bruch in der engen Bindung dieser Gruppe Wut- und Schuldgefühle hervorgerufen hatte. Anfangs hatten sich die Mitglieder der Abteilung ja verbündet – gegen einen äußeren »Feind«. Diese gemeinsame Erfahrung hatte ihnen Sicherheit geschenkt. Konflikte und Unterschiede (an deren direktes Ausleben Frauen ohnehin nicht gewohnt sind) konnten unter den Teppich gekehrt werden, zumindest solange eine mächtige Opposition von außen existierte. Der äußere Druck stärkte die Entschiedenheit der Gruppe und vereinte die Frauen. Auf den

»Gegner da draußen« wurden alle internen Schwierigkeiten projiziert, das war nützlich. Als dann aber das Projekt durchgesetzt wurde, brach Uneinigkeit aus. Welche Geisteshaltung, welche Ziele steckten hinter diesem Programm? Die unterschiedlichen Meinungen waren zutiefst bedrohlich, sie stellten die Solidarität und Sicherheit einer Gruppenstruktur in Frage, die auf Verschmelzung und Gleichheit beruhte.

Was der Situation letztendlich einen so explosiven und destruktiven Charakter verlieh, war die Unfähigkeit einiger Frauen, Unterschiede zu tolerieren. Für sie standen das wohlige Gruppengefühl und das eigene Selbstvertrauen in Frage, wenn andere Frauen nicht mit ihrer Meinung übereinstimmten. Die Gruppe war für diese Frauen eine Art Übermutter. Sie gab ihnen die heißersehnte Bestätigung, Liebe und Unterstützung. In dieser Gruppensituation wurde etwas verschärft, das wir auch bei Lesley und Sara beobachtet haben: Aus Unsicherheit unterwerfen sich Freundinnen einem Harmoniediktat, keine darf aus der Rolle fallen. Diese Frauen fürchteten, daß ihre politische Position entkräftet würde, wenn sie nicht die Situation unter Kontrolle behalten würden. Jede abweichende Meinung war einfach unerträglich. Denn diese psychologisch unsicheren Frauen verbündeten sich – auf politischer Ebene –, um seelische Stabilität zu erreichen. Sie fühlten sich *fundamental* als Person in Frage gestellt, wenn ihre Position nicht die herrschende, die einzig gültige war. Für sie war die Gruppe die Struktur, innerhalb derer sie die eigene Identität und Persönlichkeit zu entwickeln versucht hatten. Und als sich die Gruppe weigerte, für diese Frauen eine Art sichere Festung zu sein, brach eine Wut aus, die ungeheure, destruktive Ausmaße annahm.

Diese Frauen waren nicht daran gewohnt, ernstgenommen zu werden. Sie waren so unsicher, daß sie kaum an Meinungsvielfalt glauben konnten. Unvorstellbar, daß ihre abweichende Meinung etwas gelten könnte! Die Frauenwelt hatte bei ihnen eine Sehnsucht nach Aufmerksamkeit und Wertschätzung geweckt. Aber neben dieser bewußten und unbewußten Sehnsucht gab es etwas anderes: Die (bewußte und unbewußte) Erinnerung an die Unfähigkeit und Beschränktheit einer Frau (der Gruppe). An das fördernde und hindernde Wesen der Mutter-Tochter-Beziehung.

Psychologisch gesehen verwandelte sich die Gruppe von der guten, fürsorglichen und fördernden Mutter in eine hinderliche, giftige, zurückhaltende, gemeine Verräterin, die vernichtet werden muß. Die Gruppe/die Mutter konnte weder psychologisch alle Bedürfnisse befriedigen, die im Unterbewußtsein an sie gerichtet wurden, noch konnte die Gruppe die frustrierenden Mängel in der Vergangenheit jeder individuellen Frau wettmachen. Und doch war der Wunsch nach Heilung dieser alten Wunden außerordentlich stark. Als dieser Traum von der Übermutter zusammenbrach, brach ein Sturm der Enttäuschung und des Selbsthasses aus. Weil die Hoffnungen zuvor so groß gewesen waren. Weil sich die Betroffenen der verführerischen Illusion hingaben, daß das Kollektiv die alten Wunden heilen würde, die sie in der Mutter-Tochter-Beziehung davongetragen hatten. Enttäuschung und Erniedrigung nahmen überhand. Die Gruppe mußte auseinandergerissen werden, die ursprüngliche Einigkeit galt nichts mehr. Man spaltete sich voreilig ab, weil die Unterschiede einfach zu sehr schmerzten. Auch in der Gruppensituation gilt: Die Mutter hat einen doppelten Charakter, sie ist fördernd und hinderlich zugleich.

Die Unfähigkeit vieler Frauen, mit Andersartigkeit fertig zu werden, ist eine Treibkraft ihrer Wut. Sie funktioniert in beide Richtungen: beim Leugnen und beim Geltendmachen von Unterschieden. Im Fall des Frauenkollektivs diente die Wut dazu, Unterschiede wegzuwischen, mit denen die Frauen nicht umgehen konnten. Die Protagonistinnen waren in einen Kampf verstrickt, bei dem Wutanfälle zu einem Instrument wurden. Andere Meinungen wurden zum Verstummen gebracht, die eigene dagegen bestätigt. In diesem Sinne hat Wut sowohl eine destruktive als auch eine konstruktive Bedeutung. Das kommt auch in anderen Situationen vor. Häufig spürt eine Frau, daß sie wütend wird, weil ihre Erfahrungen oder Gedanken abgelehnt werden. Als ob mit der Ablehnung ihrer Meinung ihre *eigene Persönlichkeit* verschwindet. Ihre Wut ist ein Akt der Selbstbehauptung. Sie verteidigt das Recht, wahrgenommen zu werden. Sie weist das Harmoniediktat der anderen zurück. Und doch empfindet sie diesen Akt als problematisch, denn er bedroht ihre Bindung zu den anderen Frauen, deren Nähe ihr nach wie vor wichtig ist.

An dieser Stelle wollen wir noch einmal an den Fall Claudia und ihrer Freundinnen Carol und Anne erinnern. Claudia rivalisierte mit ihren Freundinnen und war wütend, als sie sich aus der Diskussion ausgeschlossen fühlte. Zwei deutliche Reaktionen waren die Folge: Sie »machte dicht« und entfernte sich innerlich. Und sie gab mächtig an und versuchte, sich den Freundinnen aufzudrängen. Ihre Wut hatte negative und positive Seiten zugleich. Einerseits signalisierte die Wut, daß Claudia wahrgenommen werden wollte. Andererseits erstickte sie die Wut, und sie war kaum in der Lage, entspannt zum Gespräch beizutragen.

Vielen Frauen geht es so wie Claudia. Die Wut ist ein Signal, daß etwas nicht stimmt. Gleichzeitig weiß die Betroffene aber nicht so recht, was sie damit anfangen soll. Die Wut kann sie überwältigen. Sie fühlt sich deprimiert, weinerlich oder außer Kontrolle. Die Betroffene interpretiert ihre Wut möglicherweise falsch, und sie weiß nicht, was sie damit anfangen soll. Wut ist dem Klischee von Weiblichkeit so wesensfremd, daß wir davor Angst haben. Auch wenn wir alle schon einmal in irgendeiner Form von Wut betroffen gewesen sind.

Hinter der Wut von Frauen steckt häufig die psychologische Mißdeutung einer Situation. Wir haben gesehen, wie Frauen sich manchmal gegenseitig die Rolle der Mutter übertragen. Und das kann große Verwirrung stiften hinsichtlich der Bedürfnisse und Hoffnungen, die sie an ihre Freundinnen richten. Häufig meint eine Frau, im Gesicht ihrer Freundin

137

Mißbilligung herauszulesen, obwohl das falsch ist. Sie projiziert auf die Freundin das negative Urteil der Mutter. Und dann wird sie wütend, weil sie abgelehnt worden ist. Sie glaubt, daß ihr etwas verboten wird. Die Wut dient dann dazu, ihr Selbstwertgefühl zu stärken. Indem sie ihrer Wut Ausdruck verschafft, fühlt sich die Betroffene stärker.

Selbstverständlich liegen den Wutgefühlen von Frauen nicht immer Projektionen und Übertragungsphänomene zugrunde. Frauen werden wütend, wenn ihnen Unrecht widerfahren ist, wenn man sie verletzt, wenn man sie ausbeutet, wenn man sie mißversteht. Der Haken an der Sache liegt darin, daß sie der Freundin, die diese Wut möglicherweise verursacht hat, nicht ihre wahren Gefühle offenbaren können. Und umgekehrt: Es macht Frauen nervös und ängstlich, wenn sie wissen, daß jemand wütend auf sie ist. Die *Antizipation* von Wutgefühlen (aktiver oder passiver Natur) ist der Dreh- und Angelpunkt der Projektionen bzw. Übertragungen. Als Kinder hatten wir Angst, wenn wir die Mutter oder den Vater verärgert hatten. Ihr Zorn wirkte auf uns wie Liebesentzug. In solchen Augenblicken wurde die Welt zur Hölle, denn ohne den Schutz und die Liebe unserer Eltern waren wir verletzlich und voller Ängste. Auch wenn unsere Eltern nicht unseren Idealvorstellungen entsprachen, konnten wir uns den Entzug ihrer Liebe kaum leisten, denn wir brauchten sie ja weiterhin. Und Liebesentzug wird in vielen Familien mit Wut gleichgesetzt.

Wenn wir als kleine Kinder Wut spürten, bekamen wir es mit der Angst zu tun. Wie konnten wir es wagen, wütend auf die Menschen zu sein, die wir weiterhin so dringend brauchten? Wut haben und insbesondere Wut ausdrücken – das wäre eine Bedrohung der Beziehung. Das wäre eine selbstverschuldete Trennung von der Quelle von Wohlbehagen und Beistand. Es ist leicht zu beobachten, wie Wut mit der Entwicklung einer eigenständigen Persönlichkeit zusammenhängt. Wenn wir uns mit Zweijährigen beschäftigen, erkennen wir, daß sie nicht einfach im »Trotzalter« sind, wie es gemeinhin heißt, sondern

138

daß sie sich in einem Prozeß der Differenzierung und Selbstbehauptung befinden. Wenn sie dabei gestört oder mißverstanden werden, setzen sie sich mit Nachdruck durch. Wird der Akt der Selbstbehauptung von den Erwachsenen akzeptiert, so fühlt sich das Kind seiner Identität und seiner Bedürfnisse sicher, seine Wut wird verstanden und toleriert. Wird das Kind aber fortlaufend daran gehindert, sich selbst zu behaupten, so bekommt es Wutanfälle, um sich seines Selbst zu versichern. Das Toben und Brüllen ist ein Geltendmachen der eigenen Persönlichkeit, der Versuch, die noch zerbrechliche eigenständige Identität zu beschützen und durchzusetzen.

Manche Frauen sind in Familien groß geworden, in denen andauernd der Wut freien Lauf gelassen wurde. In denen Gewalttätigkeit Teil der Kommunikation war. Diese Frauen assoziieren Wut mit der Fähigkeit, starke Gefühle hervorzurufen. Wut wird zur vertrauten Art, sich auf einen anderen Menschen zu beziehen. Die Wut zeigt, daß der andere Mensch sich Sorgen macht. Wut ist nicht eine Spielart der Liebe, aber immerhin Ausdruck von Gefühlsintensität. Für einen Menschen, der die liebevolle Solidarität von Mutter oder Vater nie erlebt hat, kann Wut Liebe bedeuten. Den Zorn eines anderen Menschen zu erregen – das verschafft Machtgefühle. Selbst wenn diese Macht nur negativ ist. Der Streit steht für eine Beziehung und ein gemeinsames Erleben – auch wenn der Kontakt sehr schmerzt.

Wir sehen also: Wut unter Frauen ist eine bedeutungsvolle Angelegenheit. Frühkindliche Erlebnisse werden wieder wach, existierende Beziehungen werden scheinbar bedroht. Aber das ist nur eine Seite der Medaille, denn Wut kann auch konstruktiv sein. Wut ausleben – das heißt sich selbst zuhören, sich selbst verteidigen, wenn man sich überrumpelt oder abgelehnt fühlt. Hätte Claudia ihrer Wut direkten Ausdruck verschafft und ihren Freundinnen gesagt: »Ich bin sauer auf euch, ich will nicht ignoriert werden. Ich möchte mitmachen und wahrgenommen werden«, so wäre dies eine authentischere Reaktion gewesen als die unangenehme Angeberei. Es wäre ein Akt der Selbstbehauptung gewesen: »Seht her, ich habe eine Persönlichkeit, ich bin ein Mensch, ich leide, ich möchte. Ich bin nicht ein Schrottplatz, auf dem ihr eure Schwierigkeiten loswerden könnt.« Carol und Anne hätten sich ihrerseits mit der realen Kritik an ihrem verletzenden Verhalten auseinandersetzen müssen. Vielleicht hätte das ihnen geholfen, den Ursachen ihres Konkurrenzverhaltens und Neids auf die Spur zu kommen und zu verstehen, wie diese Eifersucht ihre Persönlichkeitsentwicklung lähmte. Der Austausch hätte einen ganz anderen Charakter bekommen. Es ist sicherlich nicht leicht, allein gegen zwei Freundinnen »zu wüten«. Aber die Beziehung war unhaltbar geworden. Die drei waren auf destruktive Art aneinandergefesselt. Claudias Wut war ein Hinweis, daß da etwas nicht stimmte.

Wut ausdrücken – das ist eine Seite der Medaille. Wut entgegennehmen die andere. Viele Frauen sind außerordentlich selbstkritisch. In Konfliktsituationen meinen sie, daß sie unrecht haben oder nicht ihr Bestes geben. Wenn eine Frau Kritik von außen zuläßt und der Ursache der Wut nachgeht, so kann sie etwas über die eigene Person lernen. Und das ist nützlicher als eingebildete Schuldgefühle.

Freida und Melinda, beide Ende Zwanzig, waren gute Freundinnen und Nachbarinnen. Aber in den letzten Monaten schienen sich ihre Wege zu trennen. Melinda war sehr wütend auf Freida. Sie meinte, die Freundin hätte sich von ihr zurückgezogen. Freida dagegen hatte Schuldgefühle, weil Melinda nicht mehr so wie früher Teil ihres Lebens war. Sie stand nicht immer zur Verfügung, wenn Melinda anrief, sie half ihr nicht mehr beim Babysitting. Sie war nicht mehr die »emotionale Tankstelle« – eine Rolle, die sie für die Freundin unentbehrlich machte. Als Melinda artikulierte, daß sie wütend wäre, war das für Freida ein Anstoß zum Nachdenken. Sie erkannte, daß es ihr zur Last geworden war, die »Samariterin« zu sein. Die Wut und Klagerei Melindas machten Freida deutlich, daß sie angefangen hatte, gegen jene Rolle zu rebellieren. Daß sie Freundschaften haben wollte auf der Grundlage ihrer eigenen Bedürfnisse und nicht so sehr auf der anderer Menschen. Diese Rebellion war jedoch sehr unbewußt gelaufen, und Freida war nicht in der Lage, über die Vorgänge in ihrem Inneren zu berichten. Melinda war weiterhin wütend. Sie fühlte sich zurückgewiesen, die Erklärungen der Freundin linderten nicht den Schmerz. Sie wurde das Gefühl nicht los, daß irgend etwas an ihrer *Person* Freida abgestoßen hatte. Aber das stimmte nicht. Freida mußte sich mit der Tatsache auseinandersetzen, daß sie geradezu zwanghaft anderen Menschen Priorität gegeben hatte, daß sie geradezu süchtig nach der Rolle der Samariterin gewesen war. Ihr Rückzug, so mußte sie erkennen, war der Versuch, die Grundlage ihrer Beziehung zu anderen zu ändern. Sie fühlte sich schuldig und besorgt. Aber sie konnte nicht mehr mitleiden, wenn sie kein echtes Mitgefühl verspürte. Sie konnte nicht mehr durch das liebevolle Eingehen auf ihre Mitmenschen die eigenen Bedürfnisse begraben. Sie lebte nicht mehr aus zweiter Hand, und das mußte anerkannt werden. Wir werden im nächsten Kapitel sehen, daß sich diese Anerkennung in Kleinigkeiten ausdrückte. Kleinigkeiten, die für Freida große Bedeutung hatten.

Wir haben in den vorangehenden Kapiteln hervorgehoben, wie wichtig es für Frauen ist, die Konflikte in ihren Beziehungen zu anderen Frauen zu erkennen. Wir haben dargelegt, daß auch die geringste Auseinandersetzung mit diesen Schwierigkeiten belebend sein kann. Offene Worte können der Beziehung helfen weiterzuwachsen. Schuldgefühle, Angst, Mißtrauen und Enttäuschungen − mit all diesen negativen Aspekten können Frauen umgehen, wenn sie sich offen ihren Erfahrungen stellen. Allein und mit einem Gegenüber.

Das ist anfangs keine leichte Sache. Aber es wäre ein gewaltiger Schritt vorwärts für Frauenbeziehungen, wenn die Betroffenen ihre Schwierigkeiten miteinander artikulieren, verantwortungsbewußt Lösungen suchen, den Schmerz, den man bewußt oder unbewußt der anderen zugefügt hat, zugeben würden. Der wertvolle und unersetzliche Bund zwischen Frauen würde so gestärkt werden. Die Beziehungen würden sich nicht mehr in einer undurchsichtigen Verschmelzung abspielen, sondern auf der Ebene sauberer, direkter Kommunikation. Fürsorge, Einfühlungsvermögen, Verstehen – Qualitäten, die Frauen zweifellos entwickelt haben – wären dann das Ergebnis einer eigenständigen Persönlichkeit und einer autonomen Bindung anstatt einer engen, undifferenzierten Verschmelzung. Wir müssen mutig sein und die Schwierigkeiten artikulieren, die zwischen Frauen auftreten. Wir müssen nicht vor diesen Konflikten zurückschrecken. Sie sind nicht unlösbar. Unsere positiven Fähigkeiten, unsere aufrichtige Liebe zueinander werden uns bei der Suche nach einer neuen Qualität von Beziehungen zustatten kommen.[1]

Anmerkung:

1 Goldhor Lerner, H., *The Dance of Anger,* New York 1985; Bernadez-Bonesatti, T., *Woman and Anger: Conflicts with Aggression in Contemporary Women,* in: *Journal of the American Medical Women's Association,* Heft 33, 1978, S. 215–219. Diese Arbeiten sind äußerst interessante und nützliche Beiträge zu einem besseren Verständnis von Wutgefühlen bei Frauen. Die Autorinnen stellen die Schwierigkeiten, die Frauen mit dem Ausdrücken und Erleben von Wut haben, in einen psychosozialen Kontext.

8. Ein stets offenes Ohr

Die Schwierigkeiten, mit denen wir uns in diesem Buch befassen, werden häufig verschärft durch eine bestimmte Hemmung. Wir zögern, über Themen wie Neid, Konkurrenzverhalten, Verlassenwerden, Wut, Schuld, Verrat zu diskutieren. Während es vielen Frauen ganz leichtfällt, über den Ärger zu sprechen, den ihnen ihre Partner, Kinder, Mütter, Väter und Vorgesetzten zugefügt haben, sind sie wahre Anfängerinnen, wenn sie einen Konflikt mit der Freundin offen thematisieren sollen. Die bloße Vorstellung, unsere Mißstimmung einer Freundin gegenüber kundzutun oder sie vielleicht offen um etwas zu bitten, macht uns sehr nervös.

Wir grübeln stundenlang, wie wir die Situation X oder Y schaffen. Wir sprechen mit einer dritten Person über unseren Kummer. Wir hoffen, daß unsere Freundin ohne unser Dazutun auf die Mißstimmung kommt und etwas dagegen unternimmt. Wir beten innerlich, daß unsere Wut oder negativen Gefühle sich einfach auflösen, damit wir die Freundin nicht damit konfrontieren müssen. Wir sind so wenig daran gewöhnt, diesen negativen Gefühlen einer Freundin gegenüber Ausdruck zu verschaffen, daß wir noch nicht einmal geringfügige Klagen, die bei Zweierbeziehungen unvermeidlich auftauchen, zu äußern wagen. Häufig ist das nicht wichtig, denn Frauen können kleine Ärgernisse, die zwangsläufig in Freundschaften auftauchen, einfach schlucken. Aber im großen und ganzen müssen wir festhalten: Frauen sind so wenig daran gewohnt, in ihren Beziehungen zu anderen Frauen ein deutliches Wort zu sprechen, daß auftauchende Konflikte die Beziehung zutiefst gefährden. Wertvolle Freundschaften verschlechtern sich, und das wird mit viel Herzblut bezahlt.

Unsere Analyse der Ursachen der emotionalen Schwierigkeiten unter Frauen hat hoffentlich eine Erklärung dafür geliefert, daß Frauen weiterhin Hemmungen haben − trotz der Verbreitung von Selbstbehauptungsseminaren, trotz des allgemeinen Trends zur Direktheit. Wir haben gesehen, daß ein wesentlicher Bestandteil dessen, was Frauen in ihren Beziehungen untereinander suchen, dem Bewußtsein verborgen bleibt. Es handelt sich um nichts Geringeres als das Heilen von Wunden, die Frauen in der Mutter-Tochter-Beziehung davongetragen haben. Frauen wollen Unterstützung, Liebe und Anerkennung voneinander. Gleichzeitig antizipieren sie Behinderung und Zurückweisung. Diese unbewußten Wünsche und Ängste sind wesentliche Bestandteile von Frauenfreundschaften. In die Beziehung eingeflochten sind häufig die Merkmale engster Verschmelzung. Die Gefühle der Betroffenen können so intensiv werden, die Bedürfnisse so stark, die Übertragungsprozesse so tief, daß das Ansprechen von Schwierigkeiten eine zu große Bedrohung wäre.

Aus diesen Gründen entwickeln Frauen nur allzu selten die Fähigkeit zur offenen Kommunikation miteinander, wenn es um Schwierigkeiten geht. Und doch ist es unumgänglich, daß wir einen Anfang damit machen. Denn je mehr wir unsere Erlebniswelt mit unseren Freundinnen teilen, um so wertvoller wird der Austausch mit ihnen, um so besser werden unsere Beziehungen. Wir müssen Konfliktfähigkeit lernen: zeigen, daß wir manchmal wütend sind, daß sie uns gelegentlich weh tun oder enttäuschen, daß wir uns verlassen oder hintergangen fühlen, daß wir Schuldgefühle wegen der anderen haben. Wenn wir nicht offen über unsere Schwierigkeiten miteinander sprechen, bleiben wir in der beengenden Verschmelzung stecken, oder die Beziehung wird brüchig. Wir fangen dann an, die Wirklichkeit anders zu interpretieren. Wir spüren Zurückweisung und Verlassenwerden, wo nichts dergleichen geschieht. Wir wittern Wutgefühle, die noch im Verborgenen ruhen. Wir beobachten einander genau, um die Gefühlslage der anderen herauszufiltern anstatt unsere eigenen Gefühle oder Sorgen zu artikulieren. In gewisser Hinsicht ziehen wir einen Teil unserer Persönlichkeit aus der Beziehung heraus und befassen uns abstrakt mit dem Problem. Die Lösung, die unser Kopf bietet, ist anders. Wir haben uns nicht der Herausforderung gestellt, in unserem wirklichen Leben eine wirkliche Lösung zu finden. Und so distanzieren wir uns voneinander oder unterdrücken einen Teil unserer Persönlichkeit. Und bei diesem Prozeß wird die wirkliche Beziehung immer beschränkter, bis sie schließlich ganz verschwindet.

Ein deutliches Wort reden – das ist nicht die moralische Forderung nach Ehrlichkeit. Offenheit hat wichtigere Funktionen. Hier schlummert die Möglichkeit, mit unseren alten Projektionen aufzuräumen. Projektionen sind ein Akt der Übertragung, bei der ein Mensch unbewußt einen Teil seiner Selbst im Gegenüber sieht. Wir interpretieren das Verhalten des anderen auf der Grundlage eigener, unterdrückter Wünsche (wir stellen uns vor, daß sie wütend sind, weil wir unfähig sind, unsere eigene Wut auszudrücken), oder wir schreiben ihnen Reaktionen aus unserer Vergangenheit zu, die überhaupt nicht auf sie zutreffen (wir sind wütend, und wir fürchten, daß man uns verstoßen wird, wenn wir der Wut Ausdruck verleihen). So oder so – die Beziehung hat intuitiv festgelegte Grenzen. Die andere Person hat keine Daseinsberechtigung an sich, sondern wird zum Vehikel für eigene Phantasien und Gedanken. Wenn wir jedoch Dinge direkt ansprechen, intensive Gefühle ausleben oder einfach bei der Freundin nachhaken, falls wir Sorgen innerhalb der Beziehung haben, so brechen wir die Projektion auf. Wir nehmen uns die Freiheit, *in* der Beziehung zu sein anstatt in einer Phantasiewelt. Und indem wir die Isolation aufbrechen und uns aufs neue engagieren, tritt auch etwas anderes ein: Ein Keil wird in die enge Verschmelzung getrie-

145

ben. Wenn Menschen nämlich über Unterschiede im Erleben oder über ihren Kummer sprechen (und wenn das Ansprechen dieser Dinge akzeptiert wird), so ist eine Differenzierung eingetreten.

Wir wollen ein sehr einfaches Beispiel anführen: Beth und Nancy sind beide Wissenschaftlerinnen und Mitte Vierzig. Sie sind befreundet. Sie sprechen miteinander über eine dritte, Georgina, die in derselben Abteilung arbeitet. Nancy mag Georgina sehr. In ihren Augen hat Georgina Mumm, Witz und Energie. Sie geht gerne mit ihr aus. Beth, die auch sehr energisch und direkt ist, traut Georgina nicht. Sie glaubt, daß sie nur nach dem eigenen Vorteil sucht und daß sie manipulativ ist. Sie kann es nicht ertragen, daß ihre Freundin Georgina mag. Sie will Nancy beweisen, wie unzuverlässig Georgina ist. Nancy versucht nicht, entschieden dagegenzuhalten, sondern sagt bloß: »So sehe ich sie nicht, ich mag sie sehr.« Aber Beth bearbeitet sie weiter mit ihrer Klage über Georgina. Schließlich sagt Nancy: »Hör mal, es tut mir leid, daß wir das unterschiedlich sehen. Aber so ist es nun mal, und du mußt das leider akzeptieren. Ich mag sie, du nicht.«

Nancy schaffte es, bei ihrer Ansicht zu bleiben. Sie leugnete nicht ihre Sympathie für Georgina, und sie versuchte auch nicht, Beth umzustimmen. Beth mußte akzeptieren lernen, daß sie nicht immer einer Meinung waren. Das machte sie ein wenig unsicher. Lieber wäre es ihr gewesen, daß sie und ihre Freundin übereinstimmend geurteilt hätten. Aber gleichzeitig ermöglichte ihr Nancys Reaktion, der Frage nachzugehen, warum es für sie so wichtig war, daß die Freundin ihre Meinung über Georgina teilte. Beth erkannte schließlich, daß ihre Wirklichkeit scheinbar bedroht war, wenn sie nicht durch einen anderen Menschen bestätigt wurde. Sie mißtraute ihren eigenen Gefühlen, wenn sie nicht identisch mit denen der Freundinnen waren. Und sie hatte Nancy so hart bedrängt, weil sie Georgina nicht mochte, aber nicht hinnehmen konnte, daß diese Abneigung berechtigt war. Es sei denn, die Freundin hätte dies sanktioniert. Wenn beste Freundinnen sogar in solchen Kleinigkeiten uneins sein können, machen sie den Weg frei für einen psychologischen Wandel: von der beengenden Verschmelzung, in der jeglicher Unterschied sofort Schuldgefühle produziert, zu einer Bindung, die den Betroffenen Individualität erlaubt.

Sally fühlte sich sehr unsicher. Ihr jüngstes Kind war von zu Hause fortgezogen, und sie kam sich verloren vor. Sie wußte nicht, welche Richtung sie ihrem Leben geben sollte. Ihre gute Freundin Joan schien nicht sehr viel Zeit für sie zu haben. Sally war sicher, daß ihre vielen Bedürfnisse Joan abgeschreckt hatten. Als Sally schließlich der Freundin sagte, wie unglücklich und bekümmert sie war und wie abgewiesen sie sich von Joan fühlte, war Joan völlig erstaunt. Sie war so stark mit eigenen Schwierigkeiten befaßt gewesen, daß sie keine Ahnung von Sallys Kummer hatte. Es machte ihr sehr zu schaffen, daß sie die Freundin so vernachlässigt hatte. Sie entschuldigte sich für ihre Unaufmerksamkeit und versicherte Sally, daß einzig die Sorgen um Familie und Arbeitsstelle sie so stark abgelenkt hatten. Für Sally war das Ansprechen dieser Dinge ein mutiger Schritt. Denn sie war sicher, daß Joan ihre Befürchtungen nur bestätigen würde. Als das aber nicht eintrat, als Joan sich entschuldigte und nicht angesichts Sallys Unglück einfach »dichtmachte«, fühlten sich beide Frauen beträchtlich gestärkt. Sally ging es besser, weil sie endlich den Gedanken loswurde, daß sie selbst die Unaufmerksamkeit der Freundin verschuldet hatte. Und Joan ging es besser, weil sie aufrichtiges Mitgefühl mit der Freundin verspürte. Ehrlich und ohne Schuldgefühle konnte sie bedauern, daß sie der Freundin zuvor nicht mehr zur Verfügung gestanden hatte. Sally machte der Freundin keine Vorwürfe, statt dessen sprach sie direkt über ihr eigenes Leid und ihre eigenen Bedürfnisse. Joan fühlte sich schlichtweg verpflichtet, ehrlich zu sein. Sie mußte nicht die Übermutter spielen, die alles heilen konnte . . .

Das Ergebnis dieser offenen Aussprache schenkte beiden

Sicherheit. Sallys Isolation wurde durchbrochen, die beiden kamen sich näher.

Wir wollen uns einem weiteren einfachen Beispiel zuwenden. Diesem Fall liegen jedoch etwas kompliziertere Projektionen zugrunde. Wir werden aber sehen, wie die Fähigkeit, einen Konflikt offen auszutragen, die Betroffenen menschlich wachsen läßt.

Alison und Jill sind Mitte Zwanzig und alleinstehend. Beide arbeiteten als Sekretärinnen für das Schulamt. Sie teilten seit drei Jahren das gleiche Büro. Alison legte größten Wert auf ihr Äußeres. Alles paßte peinlich genau – vom Nagellack bis zu den Schuhen. Als Jill sie kennenlernte, bewunderte sie Alisons Fähigkeit, tagein, tagaus so ordentlich auszusehen. Jill zog sich gut und ordentlich an, machte sich aber nie etwas aus den Kleinigkeiten, die dem Aussehen ein gewisses Extra verleihen. Jill hatte irgendwie das Gefühl, daß die Beschäftigung mit solchen Dingen Eitelkeit reflektierte. Und doch bewunderte sie Alisons Aussehen. Nachdem beide Frauen einige Monate lang zusammengearbeitet hatten, begann Jill, ihre Nägel anzumalen. Sie fand das schön und kaufte sich viele verschiedene Farben und lackierte sich regelmäßig die Nägel. Nach einer Weile fing sie an, bunte Tücher, Ketten und modische Schuhe zu kaufen. Im Verlauf der drei Jahre ihrer Freundschaft zu Alison änderte sich Jills Aussehen radikal.

Etwas an Alisons Stil zog Jill an. In ihr wurde etwas angesprochen, das noch keine Konturen hatte oder noch schlummerte. Als Jill die Fähigkeit der Freundin sah, sich äußerlich dergestalt zu präsentieren, fühlte sie sich legitimiert, es einmal selbst auszuprobieren. Alison prägte und rechtfertigte Jills Bedürfnis. Jill konnte sich auf der Grundlage ihrer engen Verschmelzung mit Alison entwickeln. Nach und nach hob sich Jills Stil ganz deutlich von Alisons ab. Aber bevor es zu dieser Differenzierung kommen konnte, mußte sich Jill zunächst in der Freundin spiegeln.

Die Schwierigkeiten begannen, als Jill bei der Freundin eine gewisse Feindseligkeit spürte. Zuvor war Jill der Meinung gewesen, daß Alison ihr neues Interesse an ihrem Äußeren sehr unterstützte. Alison erzählte ihr von einigen Geschäften, die sie mochte, und sie gingen während der Mittagspause gemeinsam einkaufen. Als Jill gerade dabei war, sich richtig wohl in ihrer Haut zu fühlen, merkte sie, daß die Freundin verschlossen wurde. Wenn sie zum Beispiel die Freundin etwas fragte, hatte sie das Gefühl, daß Alisons Antworten kurz und knapp waren. Es kam ihr so vor, daß Alison mit ihr konkurrierte. Sie registrierte, daß Alison sich neue Kleidung kaufte, ohne sie ihr zu zeigen, ohne sie zum Einkaufen einzuladen. Jill war überzeugt, daß Alison nur so lange freundlich gewesen war, wie sie selbst keine Bedrohung für sie darstellte. In dem Augenblick, da sie, Jill, ebenfalls attraktiv aussah, reagierte Alison mit Konkurrenzverhalten. Es stimmte, daß Alison sich weniger um Jill kümmerte. Sie hatte Schuldgefühle deswegen. Eine andere Kollegin, die zwei Jahre lang in einer anderen Abteilung gearbeitet hatte, war jetzt in das alte Büro wiedergekehrt. Alison verbrachte mehr Zeit mit ihr. Jills Interpretation der Lage hatte dies nicht berücksichtigt. Jills Mutmaßungen über das Auf und Ab der Beziehung zu Alison spiegelte wider, daß sie in ihrer psychologischen Entwicklung an einen Scheideweg geraten war. Alison zu kopieren war für sie außerordentlich wichtig gewesen. Die gleichen Kleider zu tragen hieß auf psychischer Ebene: mit einer anderen Frau verschmelzen. Dahinter steckte ihr Bedürfnis nach Nähe und Bestätigung. Ihre neue Garderobe symbolisierte ihre Sexualität und ihre erwachsene Weiblichkeit. Es ging hier um einen Bruch mit dem Bild, daß die Mutter von ihr hatte. Dieser Bruch war nur möglich, indem sie sich an einen anderen Menschen band (an Alison). Solange ihr eine andere Frau Bestätigung schenkte, konnte sie sich geborgen und sicher fühlen. Der nächste Schritt, nämlich das Abweichen von Alisons Kleidergeschmack, war eine Manifestation ihres Individualisierungsprozesses. So drückte sie persönliche Weiterentwicklung und Selbstsicherheit aus. Psychologisch gesehen war dies jedoch ein großer Schritt, und sie bekam Angst. Und sie schürte diese Angst, indem sie auf Alison Mißbilligung projizierte. In ihrem Kopf schuf sie eine Situation, in der sich Alison von ihr lossagte wegen ihrer neuen Unabhängigkeit. Schier unmöglich schien es, sowohl sie selbst zu sein als auch weiterhin über die Unterstützung, Nähe und Liebe einer anderen Frau zu verfügen.

Jill projizierte ihre Konflikte, die sie einst mit der Mutter hatte, auf ihre Freundin Alison. Jill meinte, daß sie nicht eine erwachsene Frau mit eigener Sexualität werden könnte, ohne die Bindung zu einer ihr nahestehenden Frau zu bedrohen. Was konnte Jill unternehmen, um diese fixe Idee loszuwerden? Wie konnte sie ein Gespräch mit der Freundin herbeiführen?

Jill: »Alison, ich habe mir Gedanken über etwas gemacht. Ist irgend etwas zwischen uns nicht in Ordnung? Du scheinst nicht soviel Zeit mit mir verbringen zu wollen.«

Alison: »Nun, das ist mir auch schon aufgefallen. Aber ich hatte den Eindruck, daß du mir wegen irgend etwas böse bist.«

Jill: »Ich bin dir nicht böse. [Pause] Ich habe dich vermißt. Du hast in letzter Zeit viel mit Mary unternommen. Ich habe das Gefühl, daß du mich nicht so gerne um dich herum haben willst . . . Warum meinst du, daß ich dir böse gewesen bin?«

Alison: »Du bist irgendwie zickig und verärgert aufgetreten in letzter Zeit.«

Jill: »Wirklich? Das tut mir leid. Ich kenne den Grund nicht. Es ist schon seltsam. Ich war sicher, daß du mir böse bist. Und du hast gedacht, daß ich dir böse bin. Ich dachte, daß irgend etwas, das ich gesagt oder getan hatte, dich abgestoßen hatte.«

Alison: »Mir war selbst nicht ganz wohl, als Mary wieder auftauchte. Ich machte mir Gedanken darüber, ob wir drei miteinander auskommen würden. Vielleicht hatte ich das Gefühl, daß ich euch beide für mich allein haben wollte.«

Als Jill über Alisons Worte nachdachte, erkannte sie, daß sie sich in der Tat zickig und mürrisch verhalten hatte. Im Unterbewußtsein behandelte sie Alison so, als sei diese ihre Mutter.

Alisons Unsicherheit, ihre beiden Frauenfreundschaften miteinander in Einklang zu bringen, sowie Jills spröde Art waren für die Kluft zwischen beiden Frauen verantwortlich. Alison glaubte nicht, das Recht auf zwei Freundinnen zu haben. Sie kam sich vor, als wäre sie beiden untreu, und so löste sie sich von Jill. Jill dagegen muße sich vor Alison schützen, weil sie ihr neues »Selbst« aufrechtzuerhalten suchte und vor·der Mutter verstecken wollte. Indem sie mit der Freundin sprach, wurde Jill ihre Zwangsvorstellung los, daß die Freundin ihre wachsende Selbstsicherheit mißbilligte.

Als Jill endlich den Mut hatte, mit Alison über die Situation zu sprechen, versicherten sich beide Frauen der Beziehung aufs neue. Der Bund zwischen ihnen erfuhr eine Stärkung. Alison schätzte und bewunderte Jills Mut, die Sache anzusprechen. Obwohl Alison beim Gespräch durchaus nervös gewesen war und im Anschluß noch über vieles nachdenken mußte, war sie doch aufgeregt und glücklich. Ihr Interesse an Jill wuchs.

Es kann positive Folgen haben, wenn man heikle Themen anspricht (wie zum Beispiel das Abkühlen einer Beziehung). Obwohl solche Gespräche beängstigend sind, können sie einer Beziehung, die aufgrund von Mißverständnissen und gegenseitigen Projektionen kurz vor der Auflösung steht, wieder neues Leben schenken.

Aber es handelt sich hier doch um relativ einfache Konflikte, so könnte ein Einwand lauten. Welchen Zweck haben offene Gespräche, wenn sich Menschen wirklich auseinanderentwickelt haben wie im Fall von Christine und Andrea, wenn große Neidgefühle herrschen wie im Fall von Hilary und ihren Kolleginnen, wenn jemand Verlassenheit und Verrat durchlebt wie im Fall von Margaret und Adeline? Es ist doch sicherlich sinnlos und viel zu gefährlich, solche Gefühle offen zuzugeben. Was könnte eine Frau dabei gewinnen?

Unser erstes Gegenargument: Wenn das Durcheinander an Konflikten zwischen zwei Freundinnen nicht ans Tageslicht kommt, sind die Betroffenen einfach nicht in der Lage, die

Situation richtig einzuschätzen. Handelt es sich hier um einen Wirrwarr von Projektionen, Enttäuschungen und Wut aufgrund unvernünftiger Erwartungen innerhalb der Beziehung, oder handelt es sich um eine echte Auseinanderentwicklung? Wenn wir uns daran gewöhnen können, mit unseren Freundinnen über Konflikte zu sprechen, so lernen wir, diese ganzen Sachverhalte aufzuarbeiten. Und wenn sich dann herausstellt, daß die Beziehung unerträglich oder überholt ist, dann können wir sie beenden. Vielleicht mit Bedauern und einem Gefühl der Traurigkeit, aber ohne Krach und Schuldbewußtsein. Um darüber offen zu sprechen, welche Schwierigkeiten wir mit der Freundin haben oder wie wir sie wahrnehmen, müssen wir unbedingt eine Sprache und Vermittlungsformen finden, die für beide Seiten sinnvoll und nützlich sind.

Es ist wichtig, daß wir bei solchen Gesprächen nicht Schuldgefühle bei unserem Gegenüber wecken oder Forderungen stellen, die schlichtweg unerfüllbar sind. Es macht einen himmelweiten Unterschied, ob man einer Freundin sagt, daß man sich im Stich gelassen fühlt, oder ob man sie dessen *bezichtigt*. Es ist konstruktiver, einer Freundin zu sagen, daß man wütend auf sie ist, als einfach über sie zu schimpfen. Weil Frauen auf diesem Gebiet der Kommunikation so wenig Übung haben, werden solche Gespräche anfangs unbefriedigend verlaufen. Wir werden die falschen Dinge sagen, wir werden unsere Verstimmungen ungeschickt präsentieren. Aber wir müssen lernen, damit umzugehen, damit das Schweigen und Unbehagen zwischen uns aufhören. Der größte Schaden, den das Schweigen unter Frauen anrichtet, ist das Vergessen der positiven Seite von Frauenbeziehungen. Wir lassen die Fähigkeiten unserer Freundinnen außer acht, uns in Krisen- und Chaoszeiten beizustehen. Die Fülle, die wir gerade an unseren Frauenbeziehungen so schätzen, löst sich scheinbar in Luft auf. Was uns einst, als wir nicht wütend, enttäuscht oder verletzt waren, an der Freundin so anzog, nehmen wir nur noch verzerrt wahr.

Wir erinnern uns an den Fall Hilary: Als Brenda, eine ihrer

Kolleginnen, ihr endlich erzählen konnte, wie sehr sie sie um die öffentliche Aufmerksamkeit beneidete, die ihre Arbeit bekam, und daß sie sie nicht haßte, sondern lediglich ähnliche Bestätigung für ihre eigene Arbeit haben wollte, konnten sie und Hilary sich Gedanken darüber machen, wie Brendas wichtige Gedanken über postnatale Depression größere Verbreitung finden könnten. Hilary konnte Brenda bei der Erkenntnis unterstützen, daß ihre Arbeit sehr gut war. Es war nur auf die Unberechenbarkeit der Medien zurückzuführen, daß Hilarys Arbeit über Kindesmißhandlung plötzlich in aller Mund war. Es hatte nichts mit Hilarys Persönlichkeit zu tun, daß ihre Arbeit soviel Beachtung bekommen hatte.

Hilary unterstützte Brendas Wunsch nach mehr öffentlicher Bestätigung in beruflichen Dingen. Brenda war wegen dieser Solidarität glücklich. Und Hilary war erleichtert, daß sie bei Brenda nicht mehr Gegenstand des Neides war. Hilary mußte nicht leugnen, daß sie Bestätigung von außen bekam und daß sie diese Bestätigung genoß. Sie konnte ihre eigene Erfahrung ausleben und gleichzeitig Brendas Erfahrung anerkennen. Hätten sich die beiden nicht direkt ausgesprochen, so hätte Hilary weiterhin unter Schuldgefühlen gelitten, während Brenda die exponierte Stellung der Kollegin als Ausrede genutzt hätte, warum sie selbst nicht das bekam, was sie wollte.

Viele Freundschaften dümpeln auf einem Meer unausgesprochener Zwistigkeiten, Verletzungen und Mißverständnisse. Bei Ehen oder engen sexuellen Partnerschaften sieht das anders aus, hier kommen negative Gefühle beim Streiten zutage. Streit zwischen Freundin und Freund, zwischen Ehemann und Ehefrau gelten als gesund. Bei Freundschaften aber werden solche Gefühle, wie wir gesehen haben, selten demjenigen Menschen gegenüber ausgesprochen, der sie verursacht hat. Es gibt eine gewisse Zögerlichkeit, offen über Gefühle zu sprechen, denen möglicherweise Unfreundlichkeit, Gedankenlosigkeit oder Egoismus einer Freundin zugrunde liegen. So kann das Bloßlegen von Gefühlen, die auf Unterschiedlichkeit, auf eigene

Bedürfnisse, auf autonomes Leben hinweisen, zur Zerreiß-
probe werden. Etwas selbst haben zu wollen und nicht automatisch alles mit der Freundin zu teilen, scheint egoistisch und
verräterisch zu sein. Solche Gefühle verdrängt man lieber.

Rosalie, Terry und Donna waren auf der Kunsthochschule
enge Freundinnen. Nach dem Examen bekam Donna einen
phantastischen Job in einem neuen Museum in Los Angeles.
Rosalie und Terry blieben in der Heimatstadt New York. Die
eine malte, die andere arbeitete als Möbeldesignerin. Trotz der
geographischen Trennung betrachteten sich alle drei noch als
Trio. Sie riefen sich häufig gegenseitig an. Rosalie und Terry
sprachen oft von Donna und tauschten sich über deren jüngste
Erlebnisse aus. Während der Weihnachtsferien kam Donna auf
einen Besuch nach New York. Rosalie und Terry holten sie am
Flughafen ab, und die drei verbrachten den ersten Abend und
den darauffolgenden Tag gemeinsam.

Am folgenden Abend nahm Rosalie Donna beiseite und
»gestand«, daß sie gerne einige Zeit mit ihr allein verbringen
wollte. Sie sagte, daß sie die Dreisamkeit sehr genoß. Aber sie
wollte auch Donna alleine treffen. Donna stimmte zu. Am
Ende des Abends machten sie Pläne für den folgenden Tag.
Plötzlich kehrte ein merkwürdiges Schweigen ein. Rosalie
schaute Donna an, Donna schaute Rosalie an. Rosalie
bemerkte, daß es eine Fotoausstellung gäbe, die Donna sicherlich interessieren würde. Sie schlug vor, daß sie und Donna
sich die Ausstellung ansehen und dann später am Tag Terry
treffen würden. Wieder das merkwürdige Schweigen. Alle
stimmten dem Plan zu, verabschiedeten sich und gingen nach
Hause. Auf dem Heimweg ging es Terry sehr schlecht. Sie war
wütend auf Rosalie. Wie konnte Rosalie so unsensibel sein und
sie nicht ebenfalls einladen? Wie gedankenlos oder, noch
schlimmer, wie gemein Rosalie doch war! Sie fühlte sich
ausgeschlossen, verlassen und wütend.

Rosalie ging erschüttert nach Hause. Sie wußte, daß Terry
verstimmt war. Sie meinte, daß sie sich ganz schrecklich

verhalten hatte. Sie konnte sich einfach nicht vorstellen, die Zeit allein mit Donna zu genießen. Sie dachte darüber nach, beide anzurufen und den Plan zu ändern.

Voller Sorge und Spannung kehrte Donna in das Haus ihrer Eltern zurück. Diese Besuche waren immer so widersprüchlich. Sie mochte das Wiedersehen mit den Freundinnen sehr. Aber alles schien sich in Chaos aufzulösen, wenn sie die Zeit zwischen den Freundinnen und der Familie aufzuteilen versuchte. Als ob alle an ihr herumzerren würden. Irgend jemand war immer böse. Jetzt war es bei Terry eingetroffen. Sie wollte Terry anrufen, um darüber zu reden. Aber sie wußte nicht, was sie sagen sollte.

Solange Rosalie, Donna und Terry zusammen waren, ging alles gut. In der Dreiergemeinschaft fühlte sich jede sicher. Rosalies ausgesprochener Wunsch, mit Donna alleine zu sein, stellte den Dreierbund in Frage. Da kamen plötzlich Grenzen auf, die zuvor nicht existiert hatten. Jede Beteiligte spürte dies als Bedrohung und Beunruhigung. Terry war wütend auf Rosalie, weil sie sie ausgeschlossen hatte. Sie rivalisierte mit ihr um Donna. Rosalie meinte, gierig und kindisch zu sein. Sie empfand Schuld, weil sie zuviel wollte. Ihre Bemühungen, das zu bekommen, was sie wollte, schienen sündig zu sein. War es richtig, den eigenen Wünschen nachzugehen? Daher die Heimlichtuerei. Donna fühlte sich schuldig, weil sie als erste den eigenen Wünschen nachgegangen und nach Kalifornien gezogen war. Und so meinte sie, bei ihren Besuchen zu Hause müßte sie für alle verfügbar sein. In Kalifornien war sie wesentlich selbstsicherer. In New York ging sie automatisch in der Verschmelzung mit den Freundinnen und der Familie wieder auf. Sie war sich noch nicht einmal des eigenen Wunsches, mit einer der Freundinnen allein zu sein, bewußt. Wenn die Bedürfnisse aller Betroffenen übereinstimmten, ging es ihr gut. Aber wenn jemand etwas Abweichendes wollte, fühlte sie sich innerlich zerrissen, schuldig und voller Angst. Sie konnte nicht wählen, sie konnte nicht mit der Vorstellung fertig werden, daß irgend jemandem weh getan würde.

Alle drei Frauen konnten sich durchaus vorstellen, zu zweit

155

über die merkwürdige Situation zu sprechen. Aber zu dritt über den Konflikt zu reden – unvorstellbar! Gewiß, jede von ihnen hatte den Einfall, die anderen anzurufen. *Aber dabei ging es zunächst nur darum, die Situation ungeschehen zu machen, die alte Gemütlichkeit wiederherzustellen.* Alle drei meinten, so sehr im Unrecht zu sein, daß sie dieses Gefühl nicht mit der besten Freundin teilen konnten.

Dann rief Rosalie Donna tatsächlich an. Zunächst schlug Donna vor, Terry beim Besuch der Ausstellung miteinzubeziehen. Beim Gespräch erkannten beide jedoch, daß es lächerlich war, diesen Morgen nicht zu zweit zu verbringen. Als sie noch gemeinsam in New York gelebt hatten, kam es häufig zu Zweierkonstellationen, weil die drei unterschiedliche Interessen hatten. Rosalie ging es besser, weil Donna ihren Wunsch bestätigte. Sie mußte nicht die ganze Verantwortung auf sich nehmen. Sie war nicht die »Übeltäterin«. Donna stellte erfreut fest, daß sie tatsächlich eigene Wünsche hatte und nicht nur blind auf ihre Umwelt reagierte. Dann rief Rosalie Terry an. Zunächst war Terry kühl. Beinahe wurde Rosalie schwach. Vielleicht sollte sie doch das Ganze einfach vergessen. Aber sie gab nicht auf. Da sie ohne weiteres nachvollziehen konnte, wie es Terry im Augenblick ging, konnte sie sehr viel Mitgefühl aufbringen. Sie sagte, daß diese Situation sicherlich häufiger auftauchen würde, wenn Donna nur auf begrenzte Zeit in New York sein würde. Sie sagte, daß sie Terrys Verletztheit verstand, aber daß sie wirklich einige Zeit allein mit Donna verbringen wollte. Terry hörte zu und versuchte, über ihre Verletztheit hinwegzugehen. Sie erkannte, daß Donna und Rosalie etwas völlig Legitimes wollten. Auch sie hätte nichts gegen einen Abend mit Donna alleine. Aber sie hatte sich noch nicht einmal die Möglichkeit eines solchen Wunsches gestattet.

Rosalies Initiativen (das Aussprechen ihres Wunsches, mit Donna allein zu sein, und das Anrufen der beiden Freundinnen) hoben die Freundschaft auf eine neue Ebene. Indem sie sich selbst behauptete, gab sie den Freundinnen die Gelegenheit zu wachsen. So erkannten sie, daß die Beziehung stark genug war, mit verschiedenen Bedürfnissen fertig zu werden. Niemand brach unter Schuldgefühlen zusammen. Es wurde nicht geleugnet, daß jemand litt. Konflikte wurden offen anerkannt. Sie bekamen die reale Konfliktsituation in den Griff.

Bei Christine, der Kindergärtnerin, und Andrea, der Jurastudentin, die wir in Kapitel 4 kennengelernt haben, lag der Fall komplizierter. Wir erinnern uns: Die ursprüngliche Basis der Beziehung hatte sich geändert, jede suchte etwas anderes in der Freundschaft. Andrea war im Laufe der Beziehung ein anderer Mensch geworden. Als sie Christine kennengelernt hatte, war sie eine unglückliche, pessimistische Person gewesen. Sie und Christine verbrachten manche Stunde mit gemeinsamem Klagen über ihr schreckliches Leben. Aber im Laufe der Zeit wuchs Andreas Selbstvertrauen. Sie sah das Leben jetzt anders. Sie fühlte sich von Christine und deren Negativität heruntergezogen. Christine war ihrerseits eifersüchtig auf Andreas neue Freundin Julie. Sie war verwirrt, weil Andrea sie zurückwies. Was hätten diese beiden Frauen unternehmen können, damit ihre Freundschaft nicht so schmerzhaft in die Brüche ging? Wäre die Freundschaft trotz schöner Worte nicht ohnehin gestorben? Warum sollte man den Prozeß noch schmerzhafter machen?

Tatsache ist, daß wir nicht wissen, wie die Situation ausgegangen wäre, hätten Andrea und Christine offen darüber sprechen können. Statt dessen zog sich Andrea immer weiter zurück, und Christine verfolgte sie mit ihren Bedürfnissen. Wir wissen nicht, ob die Freundschaft nicht dennoch ein Ende genommen hätte. Aber es bestehen vernünftige Gründe, anzunehmen, daß die Schmerzen und die Verwirrung bei diesem Prozeß geringer gewesen wären. Die beiden hätten den Niedergang ihrer Freundschaft besser nachvollziehen können, selbst wenn sie sie nicht hätten retten können. Wäre es zu einem offenen Gespräch gekommen, so hätte Andrea davon erzählen können, wie hoffnungsvoll und optimistisch sie neuerdings war. Christine hätte einräumen können, daß sie sich abgewiesen fühlte. Hätten beide die Wirklichkeit anerkannt, so wären sie Christines Gefühl der Verlassenheit auf die Spur gekommen. Sie hätten darüber sprechen können, wie Andreas neue Sicherheit sie bedrohte. Andrea hätte zugeben können, daß diese neue Sicherheit noch nicht so stabil war. Und daß Christines Pessimismus sie erschreckte, weil er ihr wie ein Rückfall in die alten düsteren Zeiten vorkam. Und so wären sie möglicherweise auf die Mechanismen innerhalb ihrer Beziehung gekommen. Sie hätten erkannt, daß sie sich dauernd im Schulterschluß gegen die »böse Welt da draußen« übten und gleichzeitig den eigenen Kummer verdrängten. Mit anderen Worten: Andrea und Christine hätten sich mit Christines dauernder Neigung, sich bloß als Opfer zu sehen, auseinandersetzen müssen. Diese Opferrolle hielt Christine gefangen, sie konnte sich vom Unglücklichsein und von der Machtlosigkeit nicht frei machen. Sie hätten untersuchen können, wie Andrea diese Negativität überwunden hatte. Und warum sie dennoch manchmal auf wackligem Grund zu stehen schien. Hätten sie direkt über Christines Unglücklichsein gesprochen, anstatt über die allgemeine Ungerechtigkeit zu lamentieren, so hätte Christine ihren Schmerz direkt ausleben können. Die Leserin/ der Leser fragt sich vielleicht, warum sich das Beiseiteräumen solcher Abwehrmechanismen lohnt. Warum ist das Erfahren von Schmerz besser als das Beharren auf der Opferrolle?

Es ist schwer, sich von der Opferrolle frei zu machen (und der unaufhörlichen Trübsal), wenn man nicht die Ursachen hierfür aufdeckt. Kommt man aber dahinter, so können Veränderungen eintreten. Die Vorstellung, daß nur ein Märchenprinz einen aus der ewigen Hoffnungslosigkeit erretten wird, kann abgelegt werden. Statt dessen geht man direkt an das Problem. Hätte sich Christine mit ihrem Unglücklichsein auseinandergesetzt, so wäre sie sicherer geworden. Andrea hätte wirkliches Mitgefühl aufbringen können, anstatt sich von den Abwehrmechanismen ihrer Freundin abgestoßen zu fühlen.

Dies ist natürlich der bestmögliche Ausgang des Konfliktes. Ohne weiteres hätte ein offenes Gespräch auch dazu führen können, daß Christine in Wut ausgebrochen wäre. Sie hätte Andrea Verrat vorgeworfen und sich weiterhin als Opfer gefühlt. Andrea wäre sich als Sündenbock und Verräterin vorgekommen. Die Beziehung wäre zu Ende gegangen – ohne irgendeinen Gewinn für beide Betroffenen. Aber besonders wahrscheinlich war ein solcher Ausgang nicht. Denn obwohl die Struktur ihrer Beziehung individuelles Leid nicht erlaubte, waren sich die beiden Frauen doch sehr zugetan. Sie waren seit vielen Jahren befreundet, sie hatten vieles gemeinsam, sie empfanden aufrichtige Zuneigung füreinander. Diese positiven Aspekte ihrer Freundschaft wären möglicherweise ein gutes Gegengewicht in der Krise gewesen. Die offene Aussprache hätte nicht zwangsläufig zum Ende der Beziehung führen müssen.

Andrea und Christines Freundschaft zerbrach, weil Andrea nicht mehr mit Christines Negativität zurechtkam. Jetzt, da sie selbst nicht mehr so pessimistisch war, wurde sie nicht mit einer so düsteren Einstellung fertig.

Adeline und Margaret waren Sozialarbeiterinnen und mit dem Analysieren psychologischer Prozesse durchaus vertraut. Vielleicht war dies der Grund, warum sie die psychologischen Mechanismen, die zwischen ihnen arbeiteten, offen ansprechen konnten. Beim Gespräch ging es darum, daß Margaret sich in einem psychoanalytischen Institut weiterbilden wollte. Gemeinsam dachten die beiden darüber nach, was dieser Schritt für Margaret bedeutete und welche Fragen ihre Entscheidung für Adeline aufwarf. Adeline erzählte Margaret, wie bedroht sie sich gefühlt hatte, wie sehr sie gefürchtet hatte, die Freundin zu verlieren, wie stark sie den Drang empfunden hatte, sich ebenfalls für diese Ausbildung anzumelden. Margaret erklärte Adeline, wie schwer es ihr gefallen war, von ihrer Absicht zu erzählen. Sie hatte befürchtet, daß Adeline sie kritisieren oder auf sie eifersüchtig sein würde. Beide waren erleichtert, daß diese Gefühle offen angesprochen wurden. Man konnte zwar nichts dagegen unternehmen, aber die beiden Frauen fühlten sich nach der Aussprache einander wieder näher. Sie sprachen darüber, daß Adeline aufgrund ihrer Herkunft der eigenen Entscheidungen unsicher war. Und daß Margarets Weggang diese Unsicherheit noch verstärkte. Sie sprachen darüber, daß sie nicht selbstverständlich mit Karrierewünschen und Weiterbildung umgingen. Sie meinten manchmal, aufgrund ihrer Herkunft kein Recht dazu zu haben. Und am wichtigsten: Sie sprachen über die Nähe und Zuneigung, die sie füreinander empfanden, und wie sehr sie wünschten, daß ihr Bund diese radikale Veränderung überleben werde. Beim Gespräch wurde Adeline klar, daß sie ihren Beruf überhaupt nicht ändern wollte. Ihr machte die Sozialarbeit Spaß, und obwohl Margarets neuer Beruf für sie einen Verlust bedeutete, verspürte sie nicht den Wunsch nach einer solchen Veränderung. Margaret konnte der Freundin offenbaren, daß sie zugleich erschreckt und aufgeregt war, weil sie die Sicherheit einer Institution verließ. Daß sie sich diesen Schritt zutraute, war auf die Liebe und Solidarität ihrer Freundin Adeline zurückzuführen. Sie fühlte sich dadurch bestärkt und konnte sich aufmachen zu neuen Ufern.

Weil dieses Gespräch stattfand, konnten Adeline und Margaret ihre Spannungen miteinander teilen. Die neue Ausbildung war für Margaret ein großer Schritt, er würde die Beziehung verändern. Aber beide Frauen sahen in diesem Schritt auch eine Möglichkeit der Bereicherung. Sie hatten einander in der Vergangenheit Liebe und Solidarität geschenkt und so dazu beigetragen, daß sie emotional erwachsen wurden. Obwohl ihre Freundschaft Elemente einer Verschmelzung hatte (was Adelines Zwangsvorstellung erklärt, sich ebenfalls um einen Ausbildungsplatz zu bewerben), hatten es die beiden im Laufe der Jahre doch geschafft, die Beziehung zur Selbstheilung zu benutzen. Hier fanden sie die kontinuierliche emotionale Versorgung und Bestätigung, die sie so dringend von einer anderen

Frau brauchten. Weil sie einander soviel gegeben hatten, konnten sie jetzt getrennte Wege gehen. Sie hatten eine starke Bindung, die auf der psychologischen Autonomie der Beteiligten beruhte. Sie mußten sich nicht wieder in die Verschmelzung flüchten.

Verschmelzung zementiert Beziehungen. Sie verhindert das offene Ansprechen von Konflikten, sie bremst auch gegenseitige Kritik. Wir haben viele Diskussionen mit Frauen gehabt, in denen sie uns von der Frustration berichtet haben, die das Diktat der Harmonie hervorruft: Automatisch stimmen sie mit der Meinung der Freundin überein, obwohl sie selbst die Sache ganz anders sehen. Andere Frauen haben offenbart, daß es sie unsicher mache, wenn ihre Freundinnen sie nicht genug hinterfragen, selbst wenn sie nicht sonderlich konfliktfreudig sind. Diese Probleme haben alle mit Mitleiden zu tun. Das Mitleiden ist ein wesentlicher Baustein der Liebesfähigkeit von Frauen. Mitleiden, das ist die Fähigkeit, sich einzufühlen, das Gegenüber zu trösten, indem man auf eigene Erlebnisse ähnlicher Art hinweist. Eine solche Solidarität ist für die Betroffenen sehr aufbauend. Sympathie, Sorge und gemeinsame Erfahrungen tragen dazu bei, daß man sich weniger isoliert fühlt. Aber wenn das Mitleiden auf einem blinden Identifizieren mit der Freundin beruht (man steckt im Wortsinne gefühlsmäßig in ihrer Haut), dann hilft die Sympathie der leidenden Person letztendlich nicht sehr viel weiter. Was wollen wir damit sagen?

Wir haben gesehen, daß Abhängigkeit, Verschmelzung und Identifizierung — die Merkmale von Frauenbeziehungen — der Freundschaft befriedigende Nähe und Unmittelbarkeit schenken. Gleichzeitig tragen diese Merkmale dazu bei, Unterschiede wegzuwischen. Beim Mitleiden geht es nicht nur um gemeinsames Lamentieren. Häufig steckt die unausgesprochene Forderung dahinter, die Situation so wahrzunehmen, wie die Betroffene sie präsentiert, und ihre Meinung nicht zu hinterfragen. Mitleiden heißt dann: bewegungsunfähig zu werden und sich einer Sichtweise anzupassen, die eigentlich nicht zutreffend ist. Ein typisches Szenario für solches Mitleiden sind Gespräche über Ehekrisen oder Konflikte mit dem Partner. Häufig sagt die Freundin dann: »Ich weiß genau, wovon du sprichst«, und sie listet dann die Ärgernisse in ihrer eigenen Beziehung auf. Viele Stunden verbringen Freundinnen in einem solchen Klagebündnis, und sie stärken sich gegenseitig den Rücken. Aber in Wirklichkeit ist diese Haltung nicht sonderlich hilfreich. Denn indem sich Frauen stets bestätigen, bleiben sie möglicherweise in einer trüben, pessimistischen Einstellung stecken. Die Solidarität der Opfer zementiert die Sicht, daß »er« an allem Schuld ist und daß nichts anderes möglich ist als gemeinsames Lamentieren.

»Er« ist vielleicht an allem Schuld. Aber wenn die Frau sein Verhalten nicht akzeptieren kann und wenn er sein ärgerliches Benehmen nicht ändern mag oder kann, dann ist den Freundinnen mehr abzuverlangen als simples Mitleiden. Häufig kann eine Außenstehende sehen, daß die Freundin eine Situation mißinterpretiert. Sie sieht, daß sich bei der Freundin Verhaltensmuster verfestigt haben, die zum Konflikt beitragen. Oft genug will die Freundin ja mehr als eine bloße Übereinstimmung oder Bestätigung ihrer eigenen Sicht. Ihre eigene Betrachtung der Lage hat ja offensichtlich nicht zur Änderung beigetragen. Vielleicht muß sie in Frage gestellt werden. Unter diesen Umständen verhindern blinde Schwesterlichkeit und Mitleid eine ehrliche Überprüfung der Lage.

Greta, Angestellte einer Theateragentur, beklagte sich häufig bei Jane, eine der Sekretärinnen, über ihren schrecklichen und rücksichtslosen Mann Paul. Jane hatte für ihre Klagen ein offenes Ohr. Obwohl sie mit ihrem Freund ebenfalls Konflikte zu bewältigen hatte, war sie doch im großen und ganzen optimistisch, was ihre Beziehung betraf. Sie hörte sich Gretas Klagen an, und die beiden grübelten gemeinsam, wie sie Pauls Reaktion ein bißchen verändern könnten. Vergebliches Bemühen. Er war ein rücksichtsloser und gedankenloser Mensch, und infolgedessen tat er Greta oft weh. Greta fühlte sich ihrerseits dann immer zurückgewiesen und wurde zur Klette. Sie wollte irgendeinen Liebesbeweis, um Pauls Kälte und Gemeinheit ein wenig auszugleichen. Das Paar wurde in Streitigkeiten und Privatkriegen aufgerieben. Alle guten Ideen, die Jane und Greta gemeinsam aussheckten, führten in der Praxis zu gar nichts. Teilweise, weil Greta zu unsicher war, um eine Idee beharrlich zu verfolgen, und teilweise, weil Paul Veränderungen gar nicht aufgeschlossen war. Nach einer Weile fürchtete Jane den Augenblick, da Greta von der jüngsten Gemeinheit Pauls berichten würde. Sie fühlte sich dann genauso hilflos wie Greta. Gleichzeitig fragte sie sich, warum Greta an der Ehe festhielt. Es gab keine Kinder, Greta war finanziell unabhängig, und die Beziehung war eindeutig unbefriedigend.

Eines Tages beim Kaffeetrinken konnte sich Jane nicht länger zurückhalten. Als Greta wieder anfing, über Paul zu klagen, sagte Jane einfach: »Wir müssen uns fragen, warum du überhaupt bei ihm bleibst.« Darüber hatten sie zuvor bereits mehrfach nachgedacht, aber Jane brachte den Gedanken so hart heraus, daß Greta innehielt und sich selbst hinterfragte. Beim Gespräch räumte Greta ein, daß sie eigentlich nichts Besseres von einer Ehe erwartete. Die Ehe ihrer Eltern war schrecklich gewesen. Ihre eigene Beziehung zu Mutter und Vater voller Konflikte. Sie hatte keinerlei Hoffnung, daß die Sache mit Paul sich zum Besseren ändern könnte. Auch mit einem anderen Menschen, so meinte sie, würde es nicht besser laufen. Es tat Greta sehr weh, sich mit diesen Gefühlen auseinanderzusetzen. Aber das Gespräch erlaubte ihr, Kummer und Hoffnungslosigkeit zum Ausdruck zu bringen und ihnen so die Spitze zu nehmen. Indem sie ihre innersten Ängste Jane gegenüber enthüllte, fühlte sie sich stärker. Weil Jane ihr zuhörte und sie verstand, fühlte sie sich ein wenig optimistischer.

Weil Jane sie nicht zurückwies oder ihr Problem durch falsche, voreilige Lösungen wegzuwischen versuchte, spürte Greta eine gewisse Ruhe. Sie durchlebte dann eine Phase großer Depression. Obwohl sich ihr Eheleben nicht direkt besserte, hörte sie auf, darauf zu warten, daß Paul per Knopfdruck sozusagen eine Idylle herbeizaubern würde. Die Energie, die sie in diese unbewußte Phantasie investiert hatte, und die Wut, die sie bei den unweigerlichen Enttäuschungen seitens Paul durchlebte, flossen jetzt in konstuktivere Kanäle. Allmählich öffnete sie sich anderen Beziehungen, die ihr Achtung und Fürsorge schenkten.

Indem Jane über das Mitleid hinausging, half sie der Kollegin, Stärken zu mobilisieren, die im Laufe ihrer Ehe eingeschlafen waren. Am Beispiel Mitleid können wir ablesen, wie eine Fähigkeit, die Frauen entwickelt haben, sich zum Positiven *und* Negativen auswirkt. Die Fähigkeit von Frauen, sich miteinander zu identifizieren, versetzt sie in die Lage, die Gefühlswelt einer anderen Frau nachzuvollziehen und sogar mitzuerleben. Das kann sehr tröstlich sein. Das schenkt Intimität und Vertrauen. Aber wir haben gesehen, daß hinter dieser Fähigkeit häufig die Suche der Frau nach ihrem Selbst steckt, und das erreicht sie scheinbar, indem sie sich mit einem anderen Menschen verschmilzt. Mit anderen Worten: Sie kann nachvollziehen, was ihr Gegenüber gerade fühlt, weil ihre eigenen Ich-Grenzen und Empfindungen so ungeformt sind. Beim Mitleiden kann sie so sehr in die Gefühlswelt ihres Gegenübers aufgehen, daß sie sich nicht mehr als eigenständige Person einbringen kann. Um mit dem anderen übereinzustimmen, hat sie als Individuum abgedankt. Und so kann sie sich nicht konstruktiv mit den Erfahrungen der anderen auseinandersetzen. Sie ist nicht die gute Freundin, die sie eigentlich sein könnte. Die Beziehung wird statisch, und das Mitleiden ist eine unzureichende Reaktion auf die Erfordernisse der Situation.

Das Mitleiden und das Anpassen eigener Erfahrungen an die der Freundin treten so selbstverständlich zwischen Frauen auf, daß es den Betroffenen auch bei einem einfachen Austausch schwerfällt, nicht miteinander zu harmonisieren. Aber es kann wichtig werden, mit dem Kummer einer Freundin anders umzugehen. Insbesondere in einem Fall wie Freidas, die, wie wir gesehen haben, stark darum kämpfte, sich nicht immer der Meinung der anderen anzuschließen. Als Melinda über das schlechte Wetter während ihrer Ferien maulte, war Freida fast versucht, sich so wie früher zu verhalten und ebenfalls über irgendwelche Mängel während ihres Urlaubs zu klagen. Sie spürte den Zwang zum Mitleiden auf der Grundlage einer gemeinschaftlichen Erfahrung, auch wenn diese gar nicht existierte. Sie wollte der Freundin sagen: »Jaja, ich weiß schon, auch meine Ferien waren nichts Besonderes.« Aber das stimmte überhaupt nicht, ihre Ferien waren wunderbar gewesen. Freida fühlte sich versucht, die eigene Erfahrung zu verleugnen, um ihrer unglücklichen Freundin beizustehen. Als ob es besser wäre, wenn beide eine schlimme Zeit durchgemacht hätten. Sie meinte als Teil der Verschmelzung, in deren Rahmen alles gleich war, reagieren zu müssen. Aber wir haben gesehen, daß das Geben auf solcher Grundlage ein falsches Geben ist. Das Leugnen eigener Erfahrungen verhindert wahre Solidarität. Um sich mit Melinda zu verbünden, hätte Freida unaufrichtig von ihren Ferien erzählen müssen. Freida fand eine befriedigendere Lösung: Sie sympathisierte aufrichtig mit Melinda und lauschte deren Enttäuschungen, ohne den Zwang zu verspüren, Ähnliches vortragen zu müssen. Eben weil sie einen schönen Urlaub erlebt hatte, konnte sie die Bedeutung eines solchen Erlebnisses richtig einschätzen. Sie konnte aufrichtig nachvollziehen, daß die Ferien bei Melinda schiefgelaufen waren. Für Freida war dieses einfache Beispiel sehr wichtig. Ihre Reaktion war eine Bestätigung ihres eigenen Kampfes um Authentizität. Von außen betrachtet, schien die Angelegenheit nicht sonderlich wichtig zu sein, aber für Freida war dies ein Baustein auf dem Weg zur Selbstbehauptung. Sie war nicht wie früher in der Erfahrungswelt eines anderen Menschen aufgegangen.

Das direkte Ansprechen von Problemen ist in vielen Frauenbeziehungen präsent: als Wunsch, als Notwendigkeit und als angstbesetzte Hemmung. Aber der Versuch lohnt sich. Schwierigkeiten in der Beziehung werden transparent, die Betroffenen bahnen sich einen Weg durch existierende Wirren und Projektionen. Und so macht die Beziehung fast immer einen Schritt vorwärts, sie erreicht eine höhere, befriedigendere Ebene. Die freudige Erleichterung, die Frauen nach solchen Gesprächen verspüren, ist immer wieder überraschend. Bevor die »Schwierigkeit« offen auf dem Tisch liegt, lastet eine Art dunkle Wolke auf der Beziehung. Die positiven Aspekte der Freundschaft werden scheinbar ausgelöscht, und die Betroffenen verfallen einer Art Gedächtnisverlust. Sie wissen nicht mehr, was diese Freundschaft ihnen je gebracht hat. Wenn sie sich dann aussprechen und nicht, wie zuvor befürchtet, zurückgewiesen werden, fühlen sie sich angeregt und bestärkt. Als Individuen und als Freundinnen. Dies alles tritt nicht ein, weil da etwa ein Gebot herrscht, »mit der Sprache herauszurücken«. Sondern es sind die inneren Stärken der Betroffenen, die ihr erlauben, die Angelegenheit nachdrücklich vorzutragen. Stärken wie das aufrichtige Mitgefühl mit der Freundin, selbst wenn man verletzt oder wütend ist. Oder wie der Selbstrespekt, der sie dazu veranlaßt, offen über eine Mißstimmung zu sprechen. »So sehe ich die Sache. Teilst du diese Ansicht?« Ein solcher Anfang verhindert Auseinandersetzungen, bei denen unter dem Deckmantel der Offenheit in Wirklichkeit Angriffe gefahren werden. Und das ist vielleicht der Schlüssel. Um einen Konflikt innerhalb einer Beziehung wirklich zu teilen, muß diejenige, die das Gespräch initiiert, darüber sprechen, was *sie* erfährt und welche Vorstellungen *sie* von der Situation ihres Gegenübers hat. Es ist nicht ihre Sache, der anderen etwas in den Mund zu legen, sie zu interpretieren oder anzuklagen. Mehr Mut zur Offenheit: »Ich war eifersüchtig, ich war neidisch, das hat mich wütend gemacht.« Und nicht: »Du hast mich neidisch, wütend oder was auch immer gemacht.« Die Betroffene muß erkennen, daß ihre Freundin keinerlei Angriff auf sie unternommen hat, daß die Handlungen der Freundin eher etwas mit ihr selbst zu tun haben. Sie muß auch erkennen, daß ihre Empfindungen möglicherweise Abwehrmechanismen gegen ganz andere Gefühle sind, wie wir in den vorhergehenden Kapiteln gesehen haben. Beim Durchleben dieser Gefühle können Frauen einander beistehen. Indem man eine Situation aus eigener Sicht darstellt, kommt man den eigenen Beschwerden auf die Spur und kann sie dann dem Gegenüber offen zugeben, ohne Schuldgefühle oder Wut zu erregen. Für diese neue Offenheit unter Frauen müssen wir eine Sprache und Vermittlungsformen finden, die unserer gegenseitigen Liebe und Bedürfnissen Rechnung tragen. Wir müssen darauf bauen, daß das Austragen von Konflikten die Bindung nicht untergraben, sondern stärken wird.

9. Freunde und Liebhaber

Noch einmal soll das Beispiel der Psychologengruppe in Chicago herangezogen werden. Die sieben Mitglieder greifen zum Terminkalender, um eine Verabredung einzutragen. Beim Blick auf den Terminkalender kommt es bei jeder einzelnen zu tausenderlei Gedanken, Reaktionen und Gefühlen. Denjenigen, die in einer Paarbeziehung leben, ist eine Schwierigkeit gemeinsam: Wie bringen sie ihre Verpflichtungen den Freundinnen und Kolleginnen gegenüber in Einklang mit ihren Verpflichtungen den Partnern gegenüber? Seit kurzem wohnt Rena mit ihrem Freund zusammen. Sie zögert, sich für den Abend zu verabreden, weil sie ihn nicht gerne allein lassen möchte. Ann und Susanne, die beide junge Kinder haben, überlegen sich, wie sie ihren Partnern beibringen sollen, daß sie schon wieder ausgehen und daß sie ihnen schon wieder alle Haushaltsprobleme überlassen. Brenda lebt mit ihrer intimen Freundin Jill zusammen. Diese ist wegen Brendas Arbeitseifer ständig wütend. Jill hat das Gefühl, daß Brenda mehr Energie und Zeit in die Gruppe investiert als in ihre Beziehung. Brenda kann sich die Spannungen nur allzugut wieder vorstellen. Das sind die unmittelbaren Reaktionen. Dann versucht jede Betroffene, innerlich alles so zu arrangieren, daß sie sich selbst auch noch einbringen kann. Sie spürt, daß sie sich aufrichtig für diesen Termin interessiert. Das Hin-und-her-gerissen-Sein wird immer deutlicher. Sie überschlägt schnell, wie der Stundenplan des Partners/der Partnerin für die kommende Woche aussieht. In Windeseile stellen die Frauen mit Kindern einen komplizierten Babysitterplan auf. Wer keine Kinder hat, schlägt einen Abend vor, an dem der Partner/die Partnerin beschäftigt ist. Das Vorhaben und ihr Privatleben – das scheint nicht zusammenzugehen. Die Anforderungen der Freundschaft werden als Druck auf die Beziehung erfahren und umgekehrt. Selbst bei diesen feministischen Psychologinnen, die anderweitig kluge Vorträge über weibliches Seelenleben und die Schwierigkeiten von Frauen mit der eigenen Autonomie halten können, existieren unterschwellige Schuldgefühle. Sie meinen, egoistisch zu sein, weil sie soviel für sich selbst verlangen. Sie wollen alles, und sie haben Schwierigkeiten damit. Sie stellen sich vor, daß der Partner/die Partnerin negativ auf die »andere Beziehung« reagieren wird. Und häufig haben sie recht.

Auf dem Höhepunkt der Emanzipationsbewegung hätte keine dieser Frauen vorhergesagt, daß sie sich in einem solchen Dilemma wiederfinden würde. Es war ja eine der großen Errungenschaften der frühen siebziger Jahre, daß Frauen erkannten, wie wichtig ihnen die Beziehung zu Freundinnen und Kolleginnen war. Nie wieder, so erklärten wir voller Überzeugung, würden wir unsere beste Freundin fallenlassen, nur weil ein Mann ins Spiel kommt. Als wir einander zur Selbstverwirklichung anspornten, konnten wir die Folgen nicht ahnen, die dieser Prozeß auf unsere verfügbare Zeit haben würde. Wir wußten nicht, daß wir allmählich unsere Prioritäten änderten. Wir wußten damals nicht, daß eines Tages Wochen vergehen würden, bevor wir unsere beste Freundin wiedersahen. Aber Frauen sind heutzutage – scheinbar wie eh und je – dabei, ihren sexuellen Paarbeziehungen mehr Bedeutung einzuräumen und ihre Freundschaften zu Frauen zu vernachlässigen.

Wie konnte das geschehen? Hat es einfach damit zu tun, daß wir »erwachsen« geworden sind und jetzt in einem anderen Lebensabschnitt stehen? Haben wir genau das reproduziert, was unsere Mütter und Großmütter zuvor erfahren haben? Hat nach den stürmischen und intensiven Jahren der Jugend das Leben seinen unvermeidlichen Lauf genommen? Vielleicht hatten wir damals recht, als wir dachten, daß das Leben mit dreißig vorbei sei. Kann es zutreffen, daß unsere intensiven Frauenfreundschaften lediglich eine vorübergehende Erscheinung in unserem Leben waren?

Nein, das glauben wir nicht. Was eingetreten ist, gehört nicht unvermeidlich zum Erwachsenwerden dazu. Es ist auch nicht zwangsläufig darauf zurückzuführen, daß wir inzwischen so viele zeit- und energieraubende Verpflichtungen in unserem Leben haben. Natürlich sind da reale Hindernisse und Schwierigkeiten, die wir überwinden müssen. Aber wir glauben, daß mehr hinter diesen Veränderungen steckt. Auch in dieser Hinsicht wirken sich psychologische Kräfte unterschwellig aus. Kräfte, die etwas mit der gesellschaftlichen Rolle von Frauen heutzutage zu tun haben.

In gewisser Hinsicht können wir das Wiederaufleben der Wichtigkeit von Paarbeziehungen als Rückzugsgefecht sehen. Wir weichen vor den Schwierigkeiten in unseren Frauenfreundschaften zurück. Wir haben gesehen, wie die Intensität und die Bedeutung, die wir unseren Frauenfreundschaften zugeschrieben haben, gemeinsam mit den sehr realen gesellschaftlichen Veränderungen im letzten Jahrzehnt neue und konfliktreiche Spannungen zwischen Frauen geschaffen haben. In den vorausgegangenen Kapiteln haben wir gesehen, warum es einfacher erscheint, diesen emotionalen Befindlichkeiten aus dem Wege zu gehen, als uns mit ihnen auseinanderzusetzen. Ein Nebenprodukt unserer scheinbaren Unfähigkeit, offen mit unseren Freundinnen über Schwierigkeiten zu sprechen, war oft genug der Rückzug in die Paarbeziehung. Innerhalb der Paarbeziehung konnten wir den Neid- und Konkurrenzgefühlen, der Sehnsucht und der Enttäuschung, die wir einer Freundin gegenüber verspürten, einfach ausweichen. Es war viel einfacher, unserem männlichen Partner vom Ärger mit der Freundin zu erzählen, als uns direkt mit ihr auseinanderzusetzen. Anstatt einer Freundin von unserem Kummer mit dem männlichen Partner zu erzählen, geht es häufig andersherum. Wir sind überrascht und erleichtert, daß sich unser Partner unsere Probleme anhört und oft genug sich auf die eine oder andere Weise solidarisch erweist.

Offensichtlich bergen unsere Beziehungen zu Männern die Möglichkeit in sich, aus der Verschmelzung mit einem anderen Menschen auszubrechen.[1] Die Beziehung zu einem Mann versorgt die Frau *scheinbar* mit dem Gefühl von Eigenständigkeit und Autonomie, das sie sucht. Trotz aller Ungewißheiten und Mißverständnisse ist die Paarbeziehung auf einer wichtigen psychologischen Ebene für viele Frauen ein notwendiger und wichtiger Hafen. Nörgeleien, Streitigkeiten und Unstimmigkeiten werden in Paarbeziehungen stärker hingenommen als in Freundschaften. Eine Ehe wird nicht durch einen Streit gefährdet, selbst wenn es im Augenblick des Streitens diesen Anschein hat. Das ist bei der Freundschaft anders. Obwohl Freundinnen durchaus nicht immer übereinstimmen, sich von der anderen enttäuscht fühlen oder wütend auf sie sind, fällt es ihnen doch sehr schwer, mit diesen Gefühlen umzugehen. Und obwohl eine Frau wütend sein kann, weil ihr Sexualpartner eine andere Meinung hat, sind Herausforderung und Widerspruch Teil der psychologischen Attraktion, die Männer auf Frauen ausüben. Es ist faszinierend, unterschiedliche Meinungen zur Kenntnis nehmen zu müssen und nicht automatisch Übereinstimmung voraussetzen zu können. Wir haben gesehen, wie schwer es Freundinnen fällt, eine solche Grenze zu ziehen. Und doch ist diese Grenze so wichtig.

Wir wollen nicht ein allzu rosiges Bild von der Ehe malen. Denn viele Frauen sind in schlechten, ausbeuterischen Beziehungen gefangen. Beziehungen, die sie passiv machen. Beziehungen, in denen Meinungsverschiedenheiten nicht toleriert werden. Noch möchten wir unterstellen, daß Frauen innerhalb einer Paarbeziehung psychologisch eigenständig sind. Wir wollen nur an dieser Stelle den versteckten psychologischen

171

Mechanismen auf die Spur kommen, die heterosexuelle Beziehungen antreiben. Mechanismen, die manchmal als Gegengift gegen eine allzu erstickende Verschmelzung funktionieren. Denn auch wenn Paare psychologisch gesehen genauso leicht verschmelzen wie Frauen, so sieht diese heterosexuelle Verschmelzung doch anders aus als die von Frau zu Frau.[2]

Die psychologischen Unterschiede zwischen Männern und Frauen sind auf zweifache Art wichtig für unseren Gedankengang. Wir wissen alle, daß die Persönlichkeit von Mann und Frau im großen und ganzen mit gängigen gesellschaftlichen Vorstellungen von Männlichkeit und Weiblichkeit übereinstimmt. Die Interaktion einer Frau mit anderen Menschen bietet ihr einen Bezugsrahmen bei der Suche nach Identität. Sie schafft und bewahrt Selbstbewußtsein durch ihre Bindung zu anderen. Frauen leben in einem Netzwerk von Beziehungen. Sie erfahren sich durch diese Beziehungen. Männer dagegen erfahren sich in der *Unterschiedlichkeit.* Das heißt durch die Art, in der sie sich von anderen abgrenzen. Das Bild von Männlichkeit zieht Frauen an, weil es die Fähigkeit des Mannes unterstellt, ein ganzer Mensch mit voller Daseinsberechtigung zu sein. Egal, wie wenig dieses Bild mit der Wirklichkeit übereinstimmt. Auch wenn die Frau sich nicht ohne weiteres mit diesem Bild identifizieren kann, so fühlt sie sich doch davon angezogen: als Gegengewicht zu einem Selbst, das dem Wesen nach von der Verbindung zu anderen definiert wird.

Parallel dazu entwickeln sich während der Kindheit die Abwehrmechanismen von Knaben und Mädchen unterschiedlich.[3] − Abwehrmechanismen, die die unterentwickelten und versteckten Teile unserer Persönlichkeiten schützen. An erster Stelle bei den Abwehrmechanismen von Männern steht eine Art falsche Differenzierung, eine Loslösung von anderen. Als Säugling ist der Knabe mit seiner Mutter verschmolzen. Innerhalb dieser Verschmelzung verinnerlicht er

Teile ihrer Weiblichkeit. Bei seinem Prozeß der Loslösung bzw. Individualisierung benutzt er den geschlechtlichen Unterschied zur Mutter, um die Grenzen zwischen ihm und ihr zu ziehen. Er erfährt sich aufgrund dieses Unterschiedes. Seine sich entwickelnde Männlichkeit hat nichts mit Mutter zu tun. Bei seinem Streben nach Autonomie distanziert sich der Knabe von der Mutter und von der Weiblichkeit. Letzteres wird bei der Ich-Werdung unterdrückt. Später im Leben bedrohen Zuneigung und Intimität innerhalb der heterosexuellen Beziehung seine »falschen« Grenzen, die zu einem sehr frühen Zeitpunkt während seiner psychologischen Entwicklung konstruiert wurden. Und so kommt es, daß Intimität, die an die versteckten »femininen« Anteile seiner Persönlichkeit zu rühren droht, im Manne Angst wach werden läßt: Er fürchtet, das maskuline Selbst, das ihm »vertraut« ist, zu verlieren.

Bei Frauen haben wir gesehen, daß ihnen eindeutige Ich-Grenzen fehlen, seien sie falsch oder echt. So neigt sie leicht dazu, innerhalb ihrer intimen Beziehungen mit der anderen Person zu verschmelzen. Ja, sie versucht, in der Bindung Identität zu finden. In einer intimen Beziehung kann sie ihrer Individualität verlustig gehen. Wenn ein Mann und eine Frau psychologisch verschmelzen, geben sie sich selbst ein Stück weit auf. Aber die Abwehrmechanismen, die bei solchen Verlusten wirksam werden, funktionieren höchst unterschiedlich. *Männer streben demzufolge nach Distanz, Frauen suchen die Nähe.* Unbewußt suchen Frauen bei Männern die liebevolle Fürsorge, die wir mit Weiblichkeit assoziieren, sowie die Eigenständigkeit und Differenzierung, die mit dem Bild von Männlichkeit einhergehen.

In der jüngeren Geschichte sind wir die erste Generation von Frauen, die bedeutende emotionale Forderungen an Männer stellt. Wir verlangen, daß sie an sich arbeiten, daß sie eine neue Liebesfähigkeit entwickeln. Auch die Männer haben sich geändert aufgrund des Feminismus und aufgrund eigener Unzufriedenheit mit den schädlichen Auswirkungen einer typisch

173

männlichen Sozialisation. Und so kommt es, daß einige Frauen allmählich einen größeren emotionalen Gewinn aus ihren Beziehungen zu Männern davontragen.

Der Konflikt ist weniger dramatisch für Frauen, die Frauen lieben. Lesbische Beziehungen profitieren von der gemeinsamen gesellschaftlichen Erfahrung und der gemeinsamen Geschichte von Frauen. Lesbische Beziehungen profitieren von der Tatsache, daß Frauen traditionell zur Liebesarbeit erzogen worden sind, das heißt, sie haben die Fähigkeit, fürsorglich und emotional offen zu sein. Lesbische Frauen betreten keine andere psychologische Ebene in ihren Liebesbeziehungen. Bei ihnen ist die Neigung, in einer Verschmelzung aufzugehen, darum überspitzt. Intimität kann zum Problem werden, weil die Abwehrmechanismen gegen den Verlust des Selbst in der Verschmelzung Übergewicht bekommen. Lesbische Frauen meinen häufig, daß sie in ihren Freundschaften durchaus selbstbewußt sind, daß dies aber nicht unbedingt für ihre sexuellen Beziehungen gilt. Aber im Gegensatz zu heterosexuellen Frauen ist bei lesbischen Frauen die Grenze zwischen Freundinnen und Liebhaberinnen weniger streng. Die Geliebte kann ebenfalls auch die beste Freundin sein.

Bei heterosexuellen Frauen besteht nicht mehr die deutliche Trennung zwischen dem, was wir von Männern wollen, und dem, was wir von Frauen wollen. Vielleicht hatten unsere Mütter ebenfalls Sehnsucht nach einem liebesfähigen Partner. Aber ihre Erwartungen unterschieden sich doch sehr von den unseren. Die Scheidungsraten der letzten Jahre haben bewiesen, daß unbefriedigende Ehen nicht mehr so hingenommen werden wie früher, als die Beziehung zum Mann noch Priorität hatte, ob sie nun emotional befriedigend war oder nicht. Heute haben Frauen größere Erwartungen an ihre emotionalen Beziehungen zu Männern. Die Form der Bindung ist nicht mehr eindeutig, da sich inzwischen die Bedürfnisse, die wir an Männer und Frauen richten, überlappen. Von beiden wollen wir emotionale Nähe und Autonomie zugleich. Und doch sind autonome Beziehungen weiterhin für uns ein Rätsel. *Es ist uns schier unvorstellbar, daß wir eine psychologische Eigenständigkeit erreichen können und gleichzeitig unsere intimen, notwendigen Bindungen zu einem Mann (oder Männern) und einer Frau (oder Frauen) beibehalten können.*

Wir haben gesehen, daß Männer und Frauen gleichermaßen nicht daran gewohnt sind, Frauen als selbständige Wesen wahrzunehmen. Und so kommt es leicht zu Vermutungen (bei lesbischen und bei heterosexuellen Partnerschaften), daß der Frau die Paarbeziehung wichtiger ist als ihre autonomen Aktivitäten. Weil die Frau die Beziehung braucht und weil sie fest daran glaubt, daß sie sich den Anfordernissen der Beziehung anpassen muß, richtet sie ihr Leben »da draußen« auf die Bedürfnisse des Partners ein (bzw. auf das, was der Partner hinnehmen wird). Unterbewußt beschäftigt sie sich damit, an der Bindung festzuhalten. Ein seelischer Balanceakt: Sie will die Autonomie aufrechterhalten und gleichzeitig die Beziehung nicht bedrohen. Sie ahnt mögliche Konfliktherde, gleichzeitig versucht sie, beide Welten vor dem Wissen um ihre Eigenständigkeit zu bewahren. Ihre Handlungen werden von dem unterbewußten Wissen um ihre Eigenständigkeit geleitet, wenn sie ihre Aktivitäten auf die des Partners ausrichten.

So sind wir Zeugen einer allmählichen Neuordnung der sexuellen Beziehungen und der Freundschaften. Die Ehe ist zur Partnerschaft geworden, zu einer gegenseitigen Allianz, die zunehmend geprägt ist von der Notwendigkeit der Befriedigung individueller Bedürfnisse. Bei einigen Frauen funktioniert das, bei anderen ist es eine Katastrophe. Freundinnen, die zugleich in einer Paarbeziehung leben, erleben häufig, daß das Auftreten als Paar zur Selbstverständlichkeit wird. Die Paare gehen zusammen ins Restaurant oder ins Kino. Wenn die Freundschaft unter den betroffenen Frauen am Anfang dieser Konstellation stand, so sind es auch die Frauen, die sich der neuen Situation anpassen. Die Art ihres Zusammentreffens ändert sich. Vielleicht bemühen sie sich, sich ab und zu allein

175

zu treffen. Aber nur allzu selten kommt es zu solchen Begegnungen von Frau zu Frau: am Telefon oder in der Damentoilette, wenn man wieder mit den Männern ausgeht. In diesen kurzen Augenblicken schaffen sie es vielleicht, noch einmal jenen intimen Austausch zu erleben, von dem einst ihr Leben so voll war. Abhängig sind sie nicht mehr von der Freundin, sondern vom Partner. Diese Verschiebung hat eine Symmetrie in der Erfahrungswelt zur Folge, die für alle Betroffenen durchaus gut funktionieren kann.

Einige Frauen wissen, daß sie die Zeit mit der Freundin vermissen. Sie spüren, daß etwas fehlt. Sie erleben eine besondere Art von Einsamkeit. Sie sind sich bewußt, daß die Beziehung zum Partner und zu den Kindern den Großteil ihrer Freizeit ausfüllt. Und obwohl sie vielleicht sehr glücklich mit ihrem Familienleben sind, sehnen sie sich noch immer nach dem Kontakt von Frau zu Frau. Einige Frauen nehmen sich die Zeit, ab und zu mit einer Freundin in ein Restaurant zu gehen. Diese Zeit genießen sie dann sehr. Andere haben größere Schwierigkeiten mit solchen Terminen. Sie vermissen die Freundin, aber sie haben gleichzeitig Angst, den Partner zu verlassen. Sie sind nicht in der Lage, entspannt und zuversichtlich Zeit mit anderen Menschen außerhalb der Paarbeziehung zu verbringen. Und wieder andere Frauen beißen die Zähne zusammen und verzichten auf die Freundin. Sie reden sich ein, daß sie nicht einsam sind, daß es keinerlei Grund gibt, die Traurigkeit oder Leere zu fühlen, die sich da bemerkbar macht. Sie setzen diese Hungergefühle mit einer gewissen Frustration mit dem Partner gleich. Allmählich sind sie unzufrieden mit der Paarbeziehung. Oder sie machen sich Vorwürfe, daß sie einfach zuviel verlangen, daß sie zu viele Bedürfnisse haben. Sie meinen, daß diese Sehnsucht nur ein weiteres Beispiel für ihre emotionale Unersättlichkeit ist. Aber fast alle Frauen erleben ein gewisses Ausmaß an Enttäuschung. Wichtige emotionale Bedürfnisse werden nicht befriedigt.

Ein Mann kann äußerst hilfreich sein, wenn es darum geht,

eine bestimmte Situation rational durchzudiskutieren. Er ist wahrscheinlich weniger talentiert, wenn es darum geht, einen emotionalen Dialog zu initiieren oder zu führen. Die Bedürfnisse seiner Partnerin irritieren ihn vielleicht. Er interpretiert sie als Anforderungen an seine Person. Oder er ist verwirrt wegen ihres Wutausbruchs, wenn er nicht richtig versteht, was sie von ihm will. Das Mißverstehen frustriert sie vollständig. Sie möchte, daß er die Dinge so nachvollzieht, wie es eine Freundin vermutlich tun würde. An dieser Stelle haben wir ein weiteres Element im verwickelten Geflecht der Beziehungen vor uns. *Es ist so, als wollten Frauen, daß andere Frauen die scheinbar männliche Fähigkeit der Differenzierung haben und daß sie bei Männern die Fähigkeit fordern, sich so zu identifizieren und solche emotionalen Antennen zu haben, wie es Frauen tun.* Immerzu suchen Frauen nach der Bindung, die Kontinuität, Sicherheit und Liebe schenkt und gleichzeitig Ich-Grenzen zieht, die der Frau Autonomie gestatten.

Mag ein Ehemann oder ein Geliebter noch soviel Solidarität und emotionale Nähe bieten: Er kann keine Freundin ersetzen. Seine Erfahrungswelt macht es ihm unmöglich, weibliche Erfahrungen zu teilen und wirklich nachzuvollziehen. Einer Freundin gelingt das mühelos. Freundinnen können so leicht miteinander kommunizieren, weil sie viele Erfahrungen und Interessen gemeinsam haben. Ein Paar mag ins Restaurant gehen und beim Essen feststellen, daß sie sich wenig zu sagen haben. Mit Freundinnen passiert so etwas *selten.* Wir haben gesehen, daß der Austausch unter Frauen ganz vielschichtig und facettenreich ist.

Ein Mann kann also nicht die Wärme einer Frauenbeziehung ersetzen. Darüber hinaus kann er nicht ohne weiteres seine Freundin zur psychologischen Eigenständigkeit ermutigen. Egal, wie liebevoll und fürsorglich er sein mag, so hat er doch große Schwierigkeiten mit der Autonomie und Eigenständigkeit seiner Partnerin. Zwischen den Abhängigkeitsbedürfnissen von Frauen und Männern existiert eine komplizierte Inter-

177

aktion.[4] Männer wirken nach außen hin weniger abhängig, viel eigenständiger. Das hängt damit zusammen, daß ihre emotionalen Abhängigkeitsbedürfnisse mit größerer Kontinuität befriedigt werden. Zunächst von ihren Müttern, später von ihren Freundinnen und Ehefrauen. Die ja von frühester Kindheit an dazu erzogen wurden, Liebesarbeit für andere als Teil der eigenen Persönlichkeit und Pflicht zu sehen. Im großen und ganzen ist die emotionale Versorgung zwischen heterosexuellen Partnern nicht ausgeglichen. Eine Frau erwartet von der Ehe, daß ihr Partner sie richtig verstehen, akzeptieren und ihre emotionale Stütze sein wird. Allzu häufig stellt sich aber dann heraus, daß ihr Partner Angst vor Intimität hat und vor allzuviel Emotionalität flüchtet. Ihre Bedürfnisse schüchtern ihn ein oder stoßen ihn ab. Während ihr Mann in gewisser Hinsicht noch mütterliche Fürsorge erhält, geht sie leer aus. Ihre unterbewußte Hoffnung auf eine nahrhafte Bindung und eine bejahte Autonomie wird selten erfüllt.

Häufig bekommt eine Frau hinreichende emotionale Versorgung von ihren Freundinnen, und so erwartet sie von ihrem Partner sehr wenig. Das haben einige Männer verstanden, und so fördern sie den Wunsch ihrer Frauen, Zeit mit Freundinnen zu verbringen. Vielleicht ist ihnen nicht ganz wohl, wenn ihre Partnerinnen ihnen sagen, daß sie mit einer Freundin ausgehen wollen, und den Mann alleine zu Hause zurücklassen. Aber diese Männer bemühen sich, ihre Unsicherheit in den Griff zu bekommen. Die Ängste, die sie wegen der Eigenständigkeit ihrer Ehefrau oder Partnerin hegen, sind unterbewußt. Ihr Kopf sagt ihnen, daß ihre Partnerinnnen autonome Erwachsene sind, die wirklich eigenständig sind. Solche Männer sind meistens von der Frauenbewegung beeinflußt. Sie wissen, daß sich die Zeiten geändert haben, daß man von Frauen nicht mehr erwarten kann, auf Abruf bereit zu sein. Sie bemühen sich mehr oder weniger stark, das Bild von der Frau, mit dem sie groß geworden sind, zu hinterfragen und zu ändern. Einige Männer bejahen die Freundschaften ihrer Partnerin, weil sie dann selbst mehr Zeit für die eigene Arbeit oder andere Interessen haben. Sie fühlen sich vielleicht erleichtert, wenn ihre Lebensgefährtin mit einer Freundin ausgeht. So haben sie selbst Zeit, einen Freund zu treffen, zu Hause zu arbeiten oder einfach sich vor dem Fernseher zu entspannen. Der Verlust eines gewissen Freiheitsgefühls ist eine der Schwierigkeiten, die Männer mit der Ehe haben. Aber viele Männer fühlen sich bedroht, wenn ihre Partnerin Beziehungen zu anderen Menschen hat. Denn das unterstreicht ihre Eigenständigkeit, was wiederum beim Mann oft Unbehagen hervorruft. Er fühlt sich einsam und verlassen, weil seine Partnerin nicht da ist. Bei solchen Gelegenheiten spürt er seine eigene emotionale Abhängigkeit. Er bekommt vielleicht Minderwertigkeitskomplexe: Wenn er gut genug wäre, müßte seine Partnerin sich nicht mit anderen abgeben. Er tut so, als würde er ihre Freundschaften billigen. Aber er legt ihr Stolpersteine in den Weg, wenn sie sich verabreden will.

Jerry, ein 33jähriger Computerspezialist, hatte Probleme mit den Freundschaften seiner Frau Eileen. Ihre Clique bestand aus selbständigen, argumentativ starken und vitalen Frauen. Er bewunderte sie und hatte gleichzeitig Angst vor ihnen. Er fühlte sich von ihnen ausgeschlossen. Sie waren einander so nahe. Diese Art der Nähe fehlte ihm in seinen Männerfreundschaften. In der Nähe dieser Frauen fühlte er sich unbehaglich. Er konnte nicht entspannt mit ihnen kommunizieren. Er schmollte, wenn sie vorbeikamen, oder er kritisierte sie hinterher. Jerry war häufig auf Geschäftsreisen unterwegs. Er wußte, daß Eileen dann den Großteil ihrer Freizeit mit ihren Freundinnen verbrachte. Während einer seiner Geschäftsreisen hatte Eileen eine Fehlgeburt. Sie tat Jerry sehr leid, und er war bekümmert, daß sie nicht sofort ein anderes Kind haben könnten. Aber als er mit seiner Frau telefonierte und hörte, daß ihre Freundin Lenore auf sie aufpaßte, wechselte er das Thema. Es tat ihm weh, daß Lenore »seinen« Platz einnahm. Nachdem er aufgelegt hatte, spürte er auch eine gewisse Erleichterung, daß Lenore bei seiner Frau war. Er hatte das Gefühl, daß Lenore mit der Situation viel besser fertig wurde, als er selbst es vermocht hätte. Am nächsten Tag rief er seine Frau wieder an. Eileen sagte, daß es ihr ein wenig besser ging. Er erzählte ihr, daß er sein Geschäft erledigt hätte. Trotzdem wollte er noch ein paar Tage an die Reise anhängen, um Golf zu spielen. Schließlich ging es Eileen ja besser, und ihre Freundinnen paßten prima auf sie auf. Unterbewußt lebte Jerry seine Verletzung, Minderwertigkeitsgefühle und scheinbare Zurückweisung aus, indem er Eileen zurückwies. Jerry fiel es außerordentlich schwer, Eileens Bindungen außerhalb der Paarbeziehung zu tolerieren. Er brauchte ihre Zuneigung und vollständige Aufmerksamkeit, damit er sich sicher und entspannt fühlen konnte. Obwohl Jerrys Verhalten Eileen sehr weh tat, akzeptierte sie es gewissermaßen als Teil der Beziehung. Eileen lebte mit einem Spannungsverhältnis zwischen Ehe und Freundschaften. Ständig mußte sie zwischen diesen beiden Welten jonglieren und hin und her manövrieren.

Das Primat der Zweierbeziehung hat bei vielen Frauen wiederum zu emotionalem Hunger geführt. Heutzutage kristallisiert sich deutlich ein Dilemma für Frauen in Paarbeziehungen heraus. Auf der einen Seite fühlen sie sich geborgener als zuvor innerhalb der Partnerschaft. Aber in ihnen existiert eine gewisse Isolation. Von Zeit zu Zeit fühlen sie sich dem Menschen fremd, dem sie doch am nächsten stehen. Auf der anderen Seite haben die Anforderungen von Beruf und Kindererziehung, der (bewußte oder unbewußte) Wunsch, den neuen Konflikten mit den Freundinnen aus dem Weg zu gehen, sowie der psychologische Prozeß der Loslösung (um autonom zu werden, geben wir unsere Bindung zu einer Frau auf) bei Frauen dazu geführt, daß sie unter einer unerklärlichen Leere leiden. Eine Leere, die unserer Meinung nach darauf zurückzuführen ist, daß wir nicht genug Zeit mit anderen Frauen verbringen. Eine Leere, die schmerzlich an die Krux mit der Mutter-Tochter-Beziehung erinnert.

Als kleine Mädchen waren wir nicht imstande, sowohl Nähe, Liebe und Akzeptanz kontinuierlich von der Mutter zu erhalten als auch Ich-Grenzen und psychologische Eigenständigkeit zu erreichen. Statt dessen »machten wir Schluß« mit jener Beziehung und vergruben das, was wir nicht bekommen hatten, unter Schmerzen tief in unserem Inneren. Wir haben gesehen, daß wir bei unseren Beziehungen zu Frauen jene enge Verschmelzung wiederauferstehen lassen. Wir hoffen, daß wir diese Bindung wiederherstellen und den Verlust wettmachen. Und doch fällt es uns so schwer, auch das andere zu erreichen – Abgrenzungen und autonome Bindungen. Während der Kindheit lernten wir, daß wir diese Bedürfnisse von der Mutter auf einen Mann übertragen müssen. Und jetzt spielen wir dasselbe Szenario noch einmal durch. So wie wir uns an die befriedigenden Aspekte unserer Beziehung zur Mutter erinnern, so fallen uns auch unsere erfüllenden Frauenfreundschaften wieder ein. Was wir wirklich brauchen und uns zugleich schier unmöglich vorkommt, ist das Ausleben von befriedigenden Partnerschaften und sinnvollen Frauenfreundschaften *zugleich*.

Die Freundschaft von Ruth und Nellie begann, als beide Ende Zwanzig und alleinstehend waren. Fast jedes Wochenende verbrachten sie miteinander. Sie tauschten sich über das Auf und Ab ihrer diversen Liebesaffären aus. Ruth heiratete als erste. Zu jener Zeit hatte Nellie eine ernsthafte Beziehung zu Joe. Die Paare gingen gemeinsam aus, Ruth und Nellie verbrachten aber auch weiterhin Zeit gemeinsam. Nellie und Joe zogen zusammen. Zwei Jahre lang lief die Freundschaft glatt. Dann trennten sich Ruth und ihr Ehemann. Ruth war nur noch ein Häufchen Unglück. In dieser Phase erwies sich Nellie als sehr solidarisch. Ruth verbrachte viele Abende mit Nellie und Joe und schlief gelegentlich in ihrem Apartment, wenn sie das Alleinsein nicht ertrug. Sie hatte Angst, den beiden zur Last zu fallen. Aber Nellie und Joe zerstreuten ihre Befürchtung. Allmählich erholte sich Ruth von der Scheidung, sie wurde wieder wie früher. Sie renovierte ihre Wohnung und ersetzte die Gegenstände, die Adam bei seinem Fortgang mitgenommen hatte. Es fiel ihr immer noch schwer, allein zu sein. Aber der nagende Schmerz gehörte der Vergangenheit an.

Ruth und Nellie trafen sich weiterhin regelmäßig. Aber sie standen einander nicht gleichgewichtig zur Verfügung. Als beide in einer Paarbeziehung lebten, waren ihre Bedürfnisse genau aufeinander abgestimmt. Jetzt spürte Ruth eine Kluft. Vor allem am Wochenende, wenn Nellie ihre Zeit mit Joe verbrachte. Dann fühlte sich Ruth sehr allein. Sie wußte, daß sie nicht von Nellie erwarten konnte, mit ihr freitags oder samstags auszugehen. Denn das war traditionell die Zeit, die für die Paarbeziehung reserviert war. Aber genau an solchen Abenden fühlte sich Ruth besonders allein. Gerade dann brauchte sie die Freundin. Es fiel ihr schwer, alleine in ein Restaurant oder ins Kino zu gehen. Sie mußte sich regelrecht dazu zwingen. So wartete sie darauf, daß Nellie eine Verabredung vorschlug. Sie wollte nicht immer diejenige sein, die die Initiative ergriff, die das Bedürfnis nach einem Wiedersehen hatte. Weil Ruth alleinstehend war, fiel ihre Abhängigkeit von Nellie stärker auf. Obwohl sie wußte, daß Nellie auch von ihr abhängig war, war das nicht so offensichtlich. Ruth fühlte sich zu verletzlich. Es erniedrigte sie geradezu, ihre Bedürfnisse bloßzulegen – selbst der besten Freundin gegenüber. Manchmal kam es ihr so vor, als ob die ganze Welt ein einziges Konglomerat von Pärchen sei. Ihre beste Freundin war glücklich und wurde geliebt. Sie selbst würde nie wieder ein »normales« Leben führen.

Auch Nellie mußte sich der Veränderung anpassen. Sie wußte, daß Ruths Lage sehr schwierig war. Sie kannte andere Frauen von Mitte Dreißig, die alleinstehend oder geschieden waren und daran zweifelten, ob sie je einen geeigneten Partner finden würden. Nellie war sich bewußt, daß Ruth eine Freundin brauchte, die ihr oft zur Verfügung stand. Sie meinte, der Freundin nicht genug geben zu können. Sie liebte Ruth, und ihre eigenen Bedürfnisse nach Ruths Freundschaft nahmen nicht ab. Häufig hatte sie Schuldgefühle, weil es in ihrem Leben Joe gab, zu dem sie jederzeit gehen konnte. Sie konnte das Leid und die Einsamkeit ihrer besten Freundin nachvollziehen. Manchmal hatte Nellie das Gefühl, auseinandergerissen zu werden. Weder Joe noch Ruth taten etwas, um zu diesem Eindruck beizusteuern. Ja, beide gingen sogar sehr sensibel mit Nellies Zuneigung zum jeweils anderen um. Bei der Therapie berichtete Nellie, daß sie sich dauernd innerlich bei ihrem Freund oder ihrer Freundin entschuldigte. Sie litt dauernd darunter, daß sie vermeintlich einen von beiden vernachlässigte. Immer häufiger kam es zu Streit mit Joe. Sie hatte das Gefühl, daß sich die Beziehung zu ihm verschlechtert hatte und daß das Ende bevorstand. Auch über Ruth ärgerte sie sich zunehmend. Mal mochte sie Ruths Passivität nicht, mal waren es Ruths Ansprüche, die sie ärgerten. Wir sind diesen Gefühlen in der Therapie nachgegangen und erkannten, daß Nellie Probleme damit hatte, zwei enge Beziehungen aufrechtzuerhalten. Die eine zu einer Frau, die andere zu einem Mann. Ihre Wut diente als Abgrenzungsversuch. Soviel Liebe und Unsicherheit überforderten sie. Sie hatte diesen Luxus scheinbar nicht verdient. Sie fühlte sich Ruth gegenüber schuldig, denn sie besaß etwas, daß auch Ruth gern gehabt hätte. Ihr war es ganz fremd, daß beide Personen ihre Zuneigung zum anderen akzeptierten. *Ihre Beziehung zum einen bedeutete ihre Loslösung vom anderen. Ihre vielfachen Bindungen machten ihr angst.* Das innere Hin-und-her-Gezerre war de facto ein Tauziehen um ihre engen Beziehungen. Die Schuldgefühle und Wut, die sie dabei verspürte, repräsentierten den inneren Balanceakt. Nacheinander distanzierte sie sich von den beiden Beziehungen, um das Gleichgewicht zwischen ihnen zu erhalten.

Der Zweifel, daß man zugleich einen Mann und eine Frau lieben kann, hat historische Wurzeln. Wir haben gesehen, wie Frauen die ursprüngliche Verschmelzung mit der Mutter auf ihre späteren Frauen- und Männerbeziehungen übertragen.

Der Prozeß der psychologischen Loslösung und Autonomie produzierte Schwierigkeiten innerhalb der Mutter-Tochter-Beziehung. Und genau diese Restriktionen erwarten wir innerhalb unserer Partnerschaften und Freundschaften. Mit anderen Worten: Wir erfahren unsere Ehemänner oder Geliebten als Mutter und spüren den Druck, sie nicht zu verlassen. Die Bindung zu anderen Personen, die ja einen Schritt auf die Eigenständigkeit zu repräsentiert, scheint die ursprüngliche Beziehung zu bedrohen.

Gleichzeitig kann ein weiterer Mechanismus auftreten: Wenn eine Frau, deren Mutter eine enttäuschende Ehe gehabt hat, in einer befriedigenden Beziehung lebt, so meint sie, die Mutter zu verraten. Das Glück der Frau legt den Mangel der Mutter bloß. Einsamkeit und Schmerz – alles kommt zutage. Unsere unbewußte Loyalität zur Mutter führt dazu, daß wir Beziehungen sabotieren, die an sich gut sind. Denn wie könnten wir die Mutter ganz und gar »im Stich lassen«? In all ihrer Traurigkeit und Leere müssen wir bei ihr bleiben. Es fällt uns sehr schwer, viel zu haben, wenn die Mutter so wenig besaß.

Wenn eine Frau sowohl zu einem Mann als auch zu einer Frau eine liebevolle Beziehung unterhält, so ist sie einer Vielzahl von Problemen ausgesetzt. *Beides* zu haben – das ist *zuviel.* Soviel Liebe und Sicherheit haben wir scheinbar nicht verdient. Auch haben wir nie die Gewißheit gehabt, daß wir die Mutter besitzen und auf dieser Grundlage weitere Beziehungen eingehen dürfen. *Einen* Menschen zu haben erweckt die Furcht, den *anderen* zu verlieren. Und schließlich: Traditionell bemühen sich sehr wenige Väter um die Erziehung ihrer Kinder. Wir kennen kaum die sichere und liebevolle Beziehung zu Mutter und Vater gleichzeitig. Demzufolge ist die gleichzeitige Liebe einer Freundin und Liebe eines männlichen Partners ungewohntes Terrain.

Unter verschiedenem Vorzeichen schlugen sich Ruth und Nellie mit diesen komplizierten Mechanismen herum. Die Situation wurde noch komplizierter, als Nellie schwanger

184

wurde. Sie fürchtete sich, der Freundin von diesem Ereignis zu erzählen. Sie wußte, daß sich Ruth mit ihr freuen würde. Aber Ruth würde gleichzeitig nicht umhinkönnen, sich wegen dieser Schwangerschaft ganz schrecklich zu fühlen. Bei einem Mittagessen erzählte Nellie der Freundin von ihrer Schwangerschaft. Ruths Reaktionen waren aufrichtige Freude und Aufregung. Sie stellte Fragen in Sachen Geburtstermin und Niederkunft, um ihre Freude und ihr Interesse zu bekunden und die eigentlichen Gefühle zu verbergen. Keine von ihnen sprach an, welche Auswirkungen diese Schwangerschaft auf ihre Freundschaft haben würde, obwohl sich beide Gedanken darüber machten. Als sie sich trennten, war Nellie erleichtert. Sie war die Neuigkeit losgeworden und schätzte die großzügige Reaktion ihrer Freundin hoch ein. Ruth war ihrerseits überwältigt von tausenderlei Gedanken und Gefühlen. Sie freute sich aufrichtig für Nellie und Joe. Sie liebte beide sehr, und sie wußte, daß sie sich über diese Schwangerschaft sehr freuten. Aber sie hatte auch Angst vor den vorauszusehenden Veränderungen in Nellies Leben. War das Kind erst mal da, darüber war sie sich im klaren, würde Nellie noch weniger für sie zur Verfügung stehen. Sie war sehr traurig darüber, daß sie und Nellie diese Erfahrung nicht miteinander teilen konnten, so wie sie es bei anderen wichtigen Ereignissen in ihrem Leben getan hatten. Bei dem Gedanken, daß sie niemals eine Beziehung haben würde, in der sie ein Baby bekommen könnte, kroch die Angst in ihr empor.

Nur weniges änderte sich in den nächsten Monaten. Nellie sprach mit Ruth über die Schwangerschaft, die Pläne für die Niederkunft und über die künftige Teilzeitarbeit, die sie beabsichtigte. Ruth berichtete der Freundin weiterhin von ihrer Arbeit, ihren gelegentlichen Abenteuern mit Männern und ihrer Verzweiflung über die Singleszene. Ihr Leben war sehr unterschiedlich, aber ihre Freundschaft konnte diese Unterschiede ertragen. Dann kam die Geburt. Obwohl Ruth wußte, daß sich vieles ändern würde, ging Nellies Engagement für das Baby viel weiter, als sie je geahnt hätte. In den ersten Lebensmonaten nahm die kleine Tessa ihre Eltern anscheinend völlig in Anspruch. Alles drehte sich um das Kind. Ruth liebte Tessa und fühlte sich diesem Kind so nah wie keinem anderen zuvor. Bis zu einem gewissen Grad interessierte sie sich also für die Gespräche über Tessa. Aber eine weitere Anpassungsleistung wurde Ruth abverlangt: Nellies Bindung zu Joe und der noch abhängigen Tessa bedeutete, daß sie für die Freundin immer weniger zur Verfügung stand. Verabredungen zu zweit wurden zu einem seltenen Vergnügen. Vom Kopf her wußte Ruth, daß Nellies Zuneigung zu ihr nicht geringer geworden war. Sie sah, daß ihre Freundin sehr wenig Zeit für sich selbst hatte. Nichtsdestotrotz tat es weh.

Nach einigen Monaten war Nellie wieder die alte. Sie hatte große Sehnsucht danach, sich mit Ruth und anderen Freundinnen alleine zu treffen. Aber es war sehr schwierig, solche Verabredungen zustande zu bekommen. Sie fühlte sich schuldig, daß sie wieder zu arbeiten begonnen hatte und ihre Tochter für so viele Stunden allein ließ. Es setzte sie unter entsetzlichen Druck, wenn sie darüber hinaus sich einfach mit Freundinnen traf. Sie versuchte, mehrmals wöchentlich mit Ruth zu telefonieren. Sie spürte, daß Ruth sehr verständnisvoll mit ihr umging. Beide schienen sich sicher zu sein, daß alles besser werden würde, wenn Tessa ein wenig älter wäre. Dann würden sie mehr Zeit füreinander haben.

Nellies und Ruths Fall ist für Abertausende Frauen typisch. Trotz drei bedeutender Veränderungen im Leben (Ehe, Scheidung und Geburt eines Kindes) konnten diese beiden Frauen an der Freundschaft festhalten. Andere Frauen haben nicht soviel Glück gehabt. In den letzten Jahren haben wir von zahlreichen Freundschaften gehört, die solche Veränderungen nicht überlebt haben. Manchmal haben die unterschiedlichen Lebensformen eine so große Kluft aufgerissen, daß Identifizierung nicht mehr möglich war. Und Identifizierung ist, wie wir wissen, ein zentrales Merkmal von Frauenfreundschaften. Einige Frauen mußten herausfinden, daß sie nicht mit

186

den Neid- oder Konkurrenzgefühlen fertig wurden, die plötzlich auftauchten, weil die Freundin in einer Partnerschaft lebte, ein Kind bekam oder sich vielleicht scheiden ließ und eine unbefriedigende Beziehung beendete. Wenn die Freundin etwas tut, was man selbst gern tun möchte, so kann der Schmerz überhandnehmen. Der Kontakt zur Freundin tut dann einfach zu weh. Aber sicherlich wäre der Verlust dieser besonderen, so wichtigen Freundschaft genauso schmerzlich.

Vielleicht ist es heutzutage zum ersten Mal für Frauen möglich, gleichzeitig enge Bindungen zu Freundinnen und zu einem Mann zu haben. Weil sie nämlich um eine eigenständige Identität kämpfen. Wahre Zuneigung hat nichts mit Verschmelzung zu tun, sondern ist charakteristisch für eine Beziehung von autonomen Menschen. Natürlich ist der Druck in unserem Alltag sehr wirklich. Die Berufswelt und das Privatleben zusammenzubringen ist Streß. Manchmal hat der Tag zuwenig Stunden, um alles in Einklang miteinander zu bringen. Aber die Frauen experimentieren und jonglieren mit ihrer Zeit, damit sie alles bekommen, das zu ihrem Wohlsein dazugehört. Vielleicht können sie nicht soviel Zeit mit ihren Freundinnen verbringen, wie sie es einst taten. Aber indem wir uns von alten Umklammerungen frei machen und, noch wichtiger, indem wir autonome Beziehungen eingehen, können wir den Verlust an Quantität wieder wettmachen. Wir stellen eine neue Qualität von Frauenbeziehungen her. Freundschaften, die genauso bereichernd, intim und liebevoll wie zuvor sind, aber auch flexibler. Freundschaften, die Konflikte und Unterschiede nicht scheuen. Wir können uns nicht leisten, das aufzugeben, was wir am meisten brauchen. Beim Entwickeln einer neuen weiblichen Identität, einer autonomen Identität müssen wir daran glauben, daß wir das Recht auf Liebe haben. Daß wir das Recht auf die Zuneigung von Frauen und Männern haben. Autonomie würde demzufolge Liebesfähigkeit beinhalten.

Anmerkungen:

1 Obwohl viele der hier dargestellten Mechanismen sowohl in lesbischen als auch in heterosexuellen Beziehungen auftreten, fördern geschlechtliche Unterschiede diese Mechanismen viel klarer zutage. Aus diesem Grunde konzentrieren wir uns in diesem Zusammenhang auf heterosexuelle Beziehungen.

2 Eichenbaum, L., und Orbach, S., *Ganz Frau und wirklich frei*, ECON, Düsseldorf 1984.

3 Stoller, Robert J., *Sex and Gender: On the Development of Masculinity and Feminity*, New York 1968; Eichenbaum, L., und Orbach, S., *Ganz Frau und wirklich frei*, ECON, Düsseldorf 1984.

4 Ebenda.

10. Autonome Beziehungen – beziehungsreiche Autonomie

Acht Psychotherapeutinnen im Alter von 34 bis 58 treffen sich in New York, um ihre Arbeit zu diskutieren und die Isolation zu überwinden, die mit der Tätigkeit in einer Privatpraxis einhergeht. Zwei der Frauen haben erwachsene Kinder. Vier haben kleine Kinder. Zwei sind kinderlos, obwohl eine von beiden im nächsten Jahr schwanger werden will. Nach drei Sitzungen spricht die Gruppe über Streß. Streß, der mit Arbeit, mit der Doppelbelastung, mit finanziellem Druck zusammenhängt. Streß, weil man nicht genug Zeit zur Entspannung hat. Streß, weil man nicht genug Freizeit hat, um etwas mit den Ehemännern und Partnern zu unternehmen. Streß, der mit der Lektüre von komplizierten Texten einhergeht. Streß, der mit dem Druck zu tun hat, weiterzulernen, obwohl man kaum die Zeit findet, die Rechnungen zu bezahlen. Eine Frau spricht, und die anderen seufzen verständnisvoll. Sie kichern, weil sie sich im Vortrag wiedererkennen. Eine der Beteiligten erzählt eine persönliche Anekdote, sie hat ihre Babysitterin verloren. Die nächste doziert über den Kapitalismus und den Niedergang des Feminismus. Das Persönliche und das Politische vermischen sich in einer einzigen Diskussion. Eine aufregende Erinnerung an alte Zeiten. Die Frauen sprechen über den Streß in ihrem Leben und spüren gleichzeitig zweierlei: die graue, schmerzhafte Realität und die Hoffnung auf etwas Besseres. Sie sind optimistisch, denn da sitzen sie wieder und reden über Dinge, die nicht in Ordnung sind, über das System, das uns Schwierigkeiten aufhalst, über Entscheidungen und Optionen.

Frauen tauschen sich über die neue Isolation aus. Sie fühlen sich schuldig, weil sie nicht genug Zeit mit den Kindern oder Partnern verbringen. Sie sind neidisch auf den Erfolg anderer Frauen. Sie geraten unter Druck, wenn sie entscheiden sollen, ob sie einen wichtigen Artikel oder lieber einen Roman lesen sollen. Das Gespräch bringt Erleichterung. Die Frauen freuen sich, weil die anderen verständnisvoll nicken. Hatten sie doch Abscheu und Tadel erwartet. Der Streß scheint sich Stück um Stück aufzulösen. Frauen unterstützen Frauen. Frauen akzeptieren und umsorgen andere Frauen. Persönliches Leid und Selbsthaß werden in Sozialkritik übersetzt.

Aber das Treffen unterschied sich auch von solchen, die vor 15 Jahren stattgefunden hatten. Jede Frau hatte einen Beruf. Jede Frau verfügte über ein angemessenes Einkommen. Die Beteiligten hatten entweder Kinder oder abschließend über Kinderwünsche nachgedacht. Wir sprachen nicht länger über die Restriktionen, die die traditionelle Frauenrolle mit sich bringt. Wir mußten uns nicht mehr mit den Problemen herumschlagen, uns einen Platz in der Welt da draußen zu erobern. Im Gegenteil: Einige Frauen träumten geradezu von ungetrübten Stunden oder Tagen, die sie am liebsten mit den Kindern oder im Haus verbracht hätten. So ändern sich die Zeiten.

Obwohl wir hier eine Gruppe vor uns haben, die durch einen besonderen Beruf, durch eine bestimmte Klassen- und ethnische Zugehörigkeit geprägt ist, repräsentieren ihre Gesprächsthemen doch die Sorgen, die viele Frauen heutzutage haben. Ob man nun aktiv an der Veränderung der Frauenrolle beteiligt war oder nicht: Man kann den Auswirkungen dieser Umwälzung nicht entkommen. Parallelen zu anderen sozialen Bewegungen (wie zum Beispiel die Bürgerrechtsbewegung) liegen nahe: Mal scheinen die Veränderungen so sacht verinnerlicht worden zu sein, daß man sie kaum bemerkt, mal erkennt man, daß sich innerhalb kürzester Zeit eine Revolution vollzogen hat. Wir leben in einer neuen Ära. Das Zeitalter, in dem Frauen sowohl innerhalb als auch außerhalb des Hauses arbeiten.

Das Zeitalter steigender Scheidungsraten. Das Zeitalter einer zunehmenden Anzahl alleinstehender, kinderloser Frauen. Das Zeitalter organisierter Kinderbetreuung. Das Zeitalter sich verändernder häuslicher und wirtschaftlicher Verantwortlichkeit.

Diese neue Frauengruppe hatte das Glück, miteinander über ihre Sorgen sprechen zu können. Indem die Beteiligten Gefühle zugaben, die sie zuvor für sich allein behalten hatten, machten sie den Weg frei für Hoffnung, Optimismus und Energie. Das war ein gewisses Gegengewicht zur Isolation, Depression, zum Selbsthaß, zu den Schuldgefühlen, zur Wut. Ein anderer wichtiger Unterschied in dieser Frauengruppe der achtziger Jahre waren die zahlreichen Einlassungen wie folgende: »Ja, ich weiß, was du willst. Aber ich erlebe das anders. Für mich sieht das so aus . . .« Die Frauen konnten aufeinander eingehen und Dinge nachvollziehen, sie konnten solidarisch sein. *Und dennoch mußten sie nicht gleich sein, sie mußten nicht ihre Andersartigkeit verschweigen, um nicht das Gefühl der Geborgenheit zu gefährden.* Jede Frau konnte die Tatsache tolerieren und anerkennen, daß es acht Individuen im Raum gab. Jede konnte dennoch die Solidarität und Zuneigung der anderen spüren. Ein äußerst wichtiges Geschehnis, das den historischen Fortschritt in der Psychologie der Frau reflektiert. In dieser neuen Selbsterfahrungsgruppe existierte die Fähigkeit, sowohl autonom und eigenständig als auch mitfühlend, fürsorglich und verbunden zu sein. *Die Differenzierung löste nicht den Bund auf. Das ist eine psychologisch bedeutsame Leistung, die der Schlüssel sein wird zur Lösung heutiger Krisen in Frauenbeziehungen.*

In diesem Buch sind wir Frauen begegnet, die mit dem schwierigen Problem der Eigenständigkeit und Verbundenheit in ihren Frauenbeziehungen zu kämpfen haben. Wir haben immer wieder gesehen, wie das eine das andere zu bedrohen scheint. Wie schwer uns Frauen die Einsicht fällt, daß wir gleichermaßen Unterstützung und Liebe von einer anderen

Frau bekommen können, ohne uns selbst aufzugeben. Wir haben gesehen, auf welche Art unsere Gesellschaft uns seelisch prägt und uns mit einer *Selbstunterdrückung* einverstanden sein läßt.

Aber jede Unterdrückung birgt in sich den Keim der Befreiung. Frauen haben aufgrund der historisch gewachsenen Arbeitsteilung, die auf der Geschlechtszugehörigkeit beruht, sehr leiden müssen. Dennoch hat diese Arbeitsteilung bei Frauen eine spezifische Sensibilität geschaffen. Die Verantwortung für die Kindererziehung verlangt uns Aufmerksamkeit und Fürsorge ab, wenn es um das Wohlergehen eines anderen Menschen geht. Die Mutter-Kind-Beziehung macht uns empfänglich für die Bedürfnisse anderer. Als Managerinnen des häuslichen, persönlichen und emotionalen Bereiches haben wir ein Talent für zwischenmenschliche Beziehungen beibehalten. Traditionelle Restriktionen haben sich in diesem Sinne für uns Frauen auch als förderlich erwiesen: Wir können eine Bindung herstellen, wir können geben. Diese Restriktionen sind natürlich auch Hindernisse, weil sie unsere Autonomie und Eigenständigkeit ersticken. Die gleiche Dialektik gilt für den Einzug der Frauen in die patriarchalische Welt. Die »männliche« Welt des Konkurrenzgebarens und der Gefühlsunterdrückung hat ihre befreienden Aspekte. Denn sie ermutigen, ja verlangen eine persönliche Weiterentwicklung, die letztendlich eine neue Synthese schaffen wird. Eine neue Weiblichkeit, die sowohl sozial und fürsorglich ist als auch eigenständig und klar abgegrenzt.

In den achtziger Jahren sind wir Zeugen eines Spannungsverhältnisses. Der Widerspruch zwischen Traditionen, die Frauen für das Bestehende vereinnahmen wollen, und weitreichenden Veränderungen, denen das Bedürfnis nach mehr gesellschaftlicher und psychologischer Gleichheit zwischen den Geschlechtern innerhalb und außerhalb des Hauses zugrunde liegt, wird immer deutlicher. Die Traditionalisten möchten die Errungenschaften, die Frauen und Schwarze in den sechziger Jahren erkämpft haben, bremsen. Sie lassen eine Alibianzahl bei den Gruppierungen zu und behaupten, daß wir mit dem Erfolg zufrieden sein können und nun keine Forderungen mehr stellen müssen. Aber was hätte sich wirklich verändert, wenn wir eine solche Sichtweise akzeptieren? Heißt das, daß wir jetzt die Ehre eingeräumt bekommen, so wie Männer zu sein? Und wollen wir das überhaupt?

Nein, das glauben wir nicht. Auch Männer haben gelitten infolge der konkurrenzbetonten, entfremdeten Natur der zwischenmenschlichen Beziehungen. Die Normen, nach denen Männer leben müssen, haben sie zu emotionalen Krüppeln gemacht. Frauen müssen sich nicht den Männern angleichen. Im Gegenteil, es ist viel dringlicher, daß Männer es den Frauen nachtun. Das heißt, Frauen brauchen nicht nur mehr Freiheit, um sich außerhalb des Hauses zu verwirklichen, sondern Männer müssen ihr Potential *innerhalb* des Hauses entwickeln. In Kapitel 2 haben wir über die Folgen des Einzugs der Frauen in die »Männerwelt« diskutiert. Und wir haben in diesem Buch die psychologischen Schäden kennengelernt, die Frauen und Männer gleichermaßen aufgrund sozialer Restriktionen davongetragen haben. Das Gesellschaftliche und das Psychologische gehen Hand in Hand. Veränderungen in einem Bereich wirken sich auf den anderen aus. In vielfacher Hinsicht haben uns die Wellen der Geschichte weitergetragen. Wir haben Entscheidungen getroffen, aber diese Entscheidungen sind Produkte des sozialen Klimas eines Zeitalters. Bestimmte Entscheidungen sind zu einer bestimmten Zeit genau angemessen. Und dann reflektieren wir später darüber und erkennen plötzlich, daß diese Entscheidung uns auf einen Pfad geführt hat, den wir inzwischen für falsch erachten. Und so treffen wir eine andere Entscheidung und gehen weiter voran. Immer mehr Frauen und Männer scheinen ein Bewußtsein dafür zu entwickeln, daß das Festhalten an der traditionellen Männerrolle nicht zur persönlichen Befriedigung führt. Streß, hoher Blutdruck, frühzeitige Herzinfarkte, Alkoholismus und Entfremdung von den eigenen Kindern und von der Partnerin sind kein ewiges Männerlos. Das Streben nach Autonomie, nach psychologischer Ausgeglichenheit, nach Eigenständigkeit sowie eine gesunde Nähe zu Partnern, Freunden und Kindern scheint ein entschieden aussichtsreicherer Weg zu sein. Für alle.

Ein Gleichgewicht zwischen Autonomie und Verbundenheit zu schaffen – das wird immer wichtiger. Sowohl gesellschaftlich als auch psychologisch. Wir haben beabsichtigt darzulegen, daß sich der historische Konflikt zwischen diesen beiden Seinsmerkmalen in Frauenfreundschaften spürbar abspielt. Konkurrenzgefühle, Neid, Verlassenheit und Verrat sind Symptome dieses Konfliktes. Wir haben gesehen, was diesen Gefühlen zugrunde liegt: Bedürfnisse, Sehnsucht, Wunsch nach Selbstverwirklichung, Wut über Restriktionen und Unterdrückung. Noch werden diese Gefühle in der Isolation ausgelebt. Und die Frauen, die ihnen ausgesetzt sind, ziehen sich immer weiter zurück. Es sind zwiespältige Gefühle. Die Frauen distanzieren sich voneinander und stehen da voller Mißtrauen und Angst.

Jetzt mehr denn je zuvor überlappen sich gewisse gesellschaftliche und psychologische Faktoren, so daß Frauen heutzutage einander ganz spezifisch brauchen. Wir haben gesehen, auf welche Weise die siebziger Jahre gewisse Aspekte der Mutter-Tochter-Beziehung wiederholt haben. Dazu gehören das Eingeständnis, daß wir andere Frauen brauchen, sowie der Respekt und die Liebe, die wir uns gegenseitig gaben und die unsere persönliche Weiterentwicklung befruchteten. Aber in dem Augenblick, als wir ein bißchen Selbstliebe gelernt hatten, als wir den ersten Schritt zur Loslösung bzw. Individualisierung gemacht hatten, da blieben wir plötzlich stehen. Das mächtige Patriarchat streckte die Arme nach uns aus und erlaubte einigen von uns einen warmen Platz in seiner Obhut. Außerdem stolperten wir auf der Treppe zur Differenzierung und Autonomie. Weil wir nie positive Erfahrungen mit erfolgreicher Loslösung und Differenzierung gehabt hatten, konnten wir einander nicht bei diesem Prozeß unterstützen.

Heutzutage haben die Frauen die Möglichkeit, einander Unterschiede zuzugestehen. Sie können sich gegenseitig bei der Entscheidung für oder gegen Mutterschaft helfen. Sie kennen den Unterschied der Erfahrungswelt einer alleinstehenden und einer in einer Paarbeziehung lebenden Frau. Uns steht es frei, offen zuzugeben, daß wir andere Frauen brauchen, und zugleich, daß wir als autonome Individuen anerkannt werden wollen. Wir sind historisch so weit, uns gegenseitig auf diesem Weg den Rücken zu stärken.

Zwei Frauen – getrennt und verbunden. Jede empfindet sich als ganze Person. Jede läßt zu, daß sie fortwährend vertrauliche Beziehungen zu einer Frau (Frauen) sowie zu einem Mann (Männern) braucht. Jede Frau nimmt die andere als das wahr, was sie in Wirklichkeit ist. Jede Frau fühlt sich eindeutig und differenziert wahrgenommen. Jede Frau fühlt sich sicher in der Beziehung zur Freundin. Jede Frau erkennt die gegenseitige Abhängigkeit an. In solchen Bindungen wird wahres Geben möglich. Geben, das nichts mit kränklichen Bedürfnissen und blinder Identifikation sowie falsch verstandener Schwesterlichkeit zu tun hat. Geben, das nicht auf dem existentiellen Zwang zur Bindung beruht. Geben, das nicht Folge der Suche nach dem verlorenen Ich ist. Geben, das nicht eine erstickende Verschmelzung zur Grundlage hat. Sondern Geben, das sich aus der Fähigkeit von Frauen speist, zuzuhören, mitzufühlen, eine helfende Hand auszustrecken, sich zu kümmern.

Einige Frauen befürchten, daß Selbständigkeit und Aufbrechen der Verschmelzung dazu führen werden, daß sie niemanden mehr brauchen. Daß sie gefühlsarm werden. Daß sie anderen Menschen nicht mehr geben werden. Daß sie vereinsamen werden. Aber das ist noch nie eingetreten. Denn je sicherer ein Mensch innerlich ist, um so leichter fällt es ihm, sensibel und emotional offen zu sein. Das Ausdrücken von Bedürfnissen wird dann zum akzeptablen Bestandteil des Gefühlslebens anstatt zur gefürchteten Bloßstellung der eigenen Unsicherheit. Klare Grenzen zwischen der eigenen Person

195

und anderen bedeuten Ressourcen, um authentisch geben und nehmen zu können.

Beziehungen schaffen, die auf Autonomie und nicht auf Verschmelzung fußen – welch ungeheure Aufgabe. Aber wir haben den halben Weg bereits geschafft. Denn wir wissen, daß es nicht nur um krude Eigenständigkeit und Autonomie geht, sondern vielmehr um die Sehnsucht nach wahrer Bindung, nach emotionaler Befriedigung, nach Vertraulichkeit. Und wir haben bei allen Fällen in diesem Buch gesehen, daß die Fähigkeit oder zumindest der Wunsch, Bindungen mit anderen Frauen einzugehen, präsent ist. Vertrautheit, Identifizierungsvermögen und Empfänglichkeit für Emotionen sind in allen Frauenbeziehungen lebendig. Frauen versorgen andere Frauen mit dem Gefühl der Sicherheit, Aufregung, Ruhe, Wärme, intellektuellen Stimulation und Lebensfreude. Sie sitzen im Park zusammen und beobachten die Kinder, sie gründen ein gemeinsames Unternehmen, sie gehen zusammen einkaufen, sie treffen sich zum Mittagessen, sie schreiben gemeinsam ein Buch: Die Kameradschaft und Verbundenheit der Freundinnen erfüllen ein grundsätzliches menschliches Bedürfnis. Bei unserer Suche nach autonomen Beziehungen stehen wir nicht am Anfang. Wir haben ein starkes Fundament, auf dem wir aufbauen können. Denn wir Frauen wissen, wie man eine Bindung herstellt, wie man auf einen anderen Menschen eingeht, wie man die Bedürfnisse anderer wahrnimmt. Wir müssen lediglich stark genug an diese Bindungen glauben, ihnen genug vertrauen, auf sie bauen und sie anerkennen, damit wir uns von der blinden Verschmelzung frei machen. Diesmal lassen wir aus einer Position der Stärke los. Es mangelt uns nicht an Selbstliebe und demzufolge auch nicht an starken Gefühlen für andere Frauen. Und wir wissen, daß wir noch mehr haben können. Wir wissen, daß das Loslassen ein neuer Anfang ist.

Sachregister

Luise Eichenbaum/Susie Orbach

Ganz Frau und wirklich frei

224 Seiten, broschiert

Was wollen die Frauen eigentlich? Diese — oft mit einem Stoßseufzer vorgetragene — Frage wird nicht nur von Männern gestellt. Auch Frauen spüren Unsicherheit, wenn sie ihre eigenen Wünsche verständlich machen wollen. Die Untersuchung der amerikanischen Psychotherapeutinnen Susie Orbach und Luise Eichenbaum ist eine Abenteuerreise in ein Konfliktgebiet: die Welt der Liebesbeziehungen. Eine Welt, die Frauen und Männer anscheinend anders erleben und anders ausleben.

Das Buch erzählt von Bindungsängsten und Liebesunfähigkeit, von bedrohlicher Nähe und bedrückendem Ausgeliefertsein. »Weh- und Mangelpunkt« aller Partnerschaften ist die Abhängigkeit. Den Autorinnen gelingt die radikale Entmystifizierung dieses Begriffs. Ihre provozierenden Thesen:
— Abhängigkeit ist nur ein Ausdruck für das Bedürfnis nach Schutz, Wärme, Verstehen und Innigkeit.
— Schutz- und anlehnungsbedürftig sind Frauen und Männer gleichermaßen. Weil beide aber von gesellschaftlichen Rollenvorschriften gegängelt werden, gehen sie unterschiedlich mit ihren Gefühlen um.

In diesem Buch geht es aber nicht nur um ein besseres Verstehen, sondern vor allem um Anstöße zur Veränderung: Bewußt gelebte Vertrautheit und Gemeinsamkeit sind Chancen zur Entfaltung einer autonomen Persönlichkeit.

ECON Verlag
Postfach 30 03 21 · 4000 Düsseldorf 30

Susie Orbach

Hungerstreik

Ursachen der Magersucht
Neue Wege zur Heilung

272 Seiten, broschiert

Auch in der Bundesrepublik steigt die Zahl der Menschen drastisch an, die an gestörtem Eßverhalten leiden. Hunderttausende – meist Frauen – sind betroffen. Die Dunkelziffer ist sehr hoch. Selbsthilfegruppen formieren sich, die ihre Aufgabe darin sehen, den Patientinnen und ihren Angehörigen Rat und Unterstützung zu geben. Noch nie war Anorexia nervosa, die sogenannte Magersucht, so weit verbreitet.

Susie Orbach gibt eine neue Antwort auf die vieldiskutierte psychosomatische Krankheit Magersucht. Sie interpretiert sie als Protestschrei, als Hungerstreik gegen die widersprüchlichen Anforderungen, die die Gesellschaft heute an Frauen stellt.

Mit ihrem Körper und ihrer Gesundheit, mit dem Recht, sich zu Tode zu hungern, protestieren Frauen gegen den Verlust der Individualität durch gesellschaftlich geprägte Idealvorstellungen.

Die Macht, die die Kranken über ihren Körper demonstrieren, benutzen sie als Druckmittel gegenüber ihrer Umwelt. So wie ein Alkoholiker seine Niederlage bekämpft, indem er sich wieder betrinkt, ist für Magersüchtige das Hungern die einzige Möglichkeit, gegen das Gefühl zu versagen anzugehen.

ECON Verlag
Postfach 30 03 21 · 4000 Düsseldorf 30

Stiefmutter –
Stiefvater!

Sylvie Moinet
**Meine Kinder,
deine Kinder,
unsere Kinder**
320 Seiten
broschiert

Heute ist das fast normal: Kinder haben plötzlich zwei Familien und immer mehr Frauen und Männer sind auf einmal Stiefmütter oder -väter geworden. Eine Rolle, die oft Unsicherheit und große Probleme mit sich bringt. Dieses Buch ist eine wichtige Hilfe für alle Betroffenen. Es legt stereotype Verhaltensmuster bloß, räumt immer wiederkehrende Mißverständnisse aus und öffnet die Bereitschaft zum Verständnis.

Liebe ist kein Wegwerf- artikel

Ulrich Beer
Und trotzdem die Liebe
240 Seiten
gebunden
Schutzumschlag

Plötzlich wischt ein winziger Erreger alles Gewohnte vom Tisch. Die durch Aids ausgelöste Angst offenbart eine gefährliche Kraft. Rettet die Liebe! Dies verlangt konkrete Maßnahmen, bietet aber auch eine große Chance. Ein Plädoyer für ein neues Verständnis von Liebe, Sex, Zärtlichkeit und Treue.

ECON

Frischer Wind von Osten!

Lois Fisher-Ruge
Nadeschda heißt Hoffnung
240 Seiten plus
16 Seiten s/w Abb.
gebunden
Schutzumschlag

Was hat der neue Kurs von Michail Gorbatschow schon verändert? Was erwarten Jugendliche in der Sowjetunion von ihrer Zukunft? Was denken die Sowjetmenschen vom Westen? Lois Fisher-Ruge hat viele Fragen gestellt und überraschende, sehr offene Antworten erhalten. Ein brandaktuelles Buch über Rußland – voller menschlicher Anteilnahme und Wärme.